U0049723

天才的習慣

花80次練習，習慣成功的思維

編著／株式會社Live出版

翻譯／李彥樺

前言

什麼樣的人可以稱為「天才」？原本就具有特殊才能的人？為了更上一層樓而努力不懈的人？還是運氣好的人？

每個人對天才的定義可能都不一樣，但是，就算是再厲害的天才，想要在世界上功成名就，也必須投入相對多的時間。是什麼讓他們願意花那麼多時間在同一件事情上？答案就是「習慣」。

所謂「習慣」，就是長時間重複做相同的事情。這些人可能每天、每星期或是每個月都做著同一件事情，透過這樣的「習慣」，讓才能獲得表現的機會，最終成為世人眼中的「天才」。

本書列舉八十個天才，讓你知道他們每天在做的事情和他們的想法。有些可以輕易模仿，有些則不太容易。如果發現了什麼令你感興趣的做法，建

議你實踐看看。你可以完全照著做，也可以加入一些自己的變化，只要每天持之以恆的堅持下去，這樣的「習慣」必定能成為你的力量，為你的未來帶來希望。

每一個「天才的習慣」都詳述這些天才的人生經歷、趣聞和名言佳句。雖然每個天才的生存時代和職業都不相同，但是當你讀了他們的生平事蹟，或許會有一部分讓你感同身受，另外一部分讓你大感意外。這正是天才的人生所具有的意義，成為一種跨越時代的珍貴知識。

閱讀本書之後，請仔細思考自己的生活方式與習慣，只要你能持續某種習慣，或許有一天沉睡在體內的「才能」會被激發出來。

衷心期盼你也能擁有優質的習慣和燦爛的未來。

目次

第3章　頂尖創作者

第4章

超級巨星

欄位解說

① 最佳標語
用一句話說明這個天才是什麼樣的人。

② 姓名
天才的名字。

③ 天才的個資
天才的生卒年、出生地和職業。

④ 天才的習慣
這個天才擁有什麼習慣。

⑤ 各項評比
包含天才的知名度、習慣的厲害度、讓人想模仿度，最高為五顆星。

知名度：越多人知道這個天才，星數就越多。

厲害度：執行上越困難，星數就越多。

想模仿度：越讓人覺得「想模仿」或「似乎可以模仿」的，星數就越多。

不把腦力用在
無謂的事情上

⑥ 天才的長相
插畫風格的肖像畫。

⑦ 習慣說明
詳細說明習慣的內容或特色。

⑧ 天才的點點滴滴
包含天才的生平事蹟、特徵或趣聞等等。

⑨ 天才的內心獨白
用全身畫像搭配一句想像中天才可能會說的話（並非真的說過）。

⑩ 名言佳句
天才說過的金句。

⑪ 解說
針對名言佳句特別說明。

⑫ 趣味知識
關於這個天才的小知識。

第 1 章 學院英雄

這一章介紹的是發明家或科學家這一類、對學術領域有所貢獻的天才。他們靠著優秀的頭腦改變了這個世界。現在我們就來看看，那些歷史性的大發現和影響後代的研究成果，來自於什麼樣的習慣。

- 阿爾伯特・愛因斯坦 Albert Einstein（物理學家）
- 艾薩克・牛頓 Isaac Newton（物理學家）
- 尼古拉・哥白尼 Nicolaus Copernicus（天文學家）
- 伽利略・伽利萊 Galileo Galilei（物理學家、天文學家）
- 史蒂芬・霍金 Stephen Hawking（物理學家）
- 阿基米德 Archimedes（數學家）
- 皮埃爾・德・費馬 Pierre de Fermat（律師、數學家）
- 安德魯・懷爾斯 Andrew Wiles（數學家）
- 斯里尼瓦瑟・拉馬努金 Srinivasa Ramanujan（數學家）
- 約翰・馮紐曼 John von Neumann（數學家）

- 亞歷山大・弗萊明 Alexander Fleming（細菌學家）
- 佛羅倫絲・南丁格爾 Florence Nightingale（護理師、統計學家）
- 瑪里・居禮 Marie Curie（物理學家）
- 查爾斯・達爾文 Charles Darwin（自然科學家）
- 卡爾・馬克思 Karl Marx（思想家、經濟學家）
- 野口英世（醫學家）
- 福澤諭吉（思想家、教育家）
- 津田梅子（教育家）
- 塙保己一（日本國學家）
- 糸川英夫（工程學家）

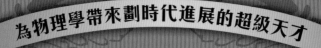
阿爾伯特・愛因斯坦

生卒年：西元1879～1955年　　出生地：德國　　職業：物理學家

這個天才的習慣

不把腦力用在無謂的事情上

知名度	厲害度	想模仿度
★★★★★	★★★★★	★★★☆☆

習慣法則

在重要的事情上投入全部心思

愛因斯坦從不把腦力和時間耗費在沒有興趣的事情上。學生時代的他只喜歡數學，完全不理會其他科目。他每天都穿著相同的服裝，因為他認為挑選衣服是一件浪費時間的事。正因為他從不把腦力和時間使用在瑣事上，所以能把所有的精力投入研究工作。

顛覆過去的常識

天才物理學家愛因斯坦最有名的成就，就是發表了一套名叫「相對論」的超厲害理論，徹底顛覆了「時間的前進速度不會改變」這個過去的常識，主張「速度越接近光速，時間的流動越慢」，讓全世界的專家跌破眼鏡。

這個時候的愛因斯坦也才二十六歲，而且只是一個專利局的小職員。一個沒沒無聞的年輕業餘研究愛好者，竟然提出了劃時代的大發現，就像是突然出現在物理學界的彗星，讓物理學有了重大的突破。

就算沒有研究室，也能做研究！

●這個天才的名言佳句●

我沒有什麼特別的才能，有的只是旺盛的好奇心。

為物理學界帶來重大突破的愛因斯坦，精力的源頭就是「探索大自然及宇宙奧祕」的好奇心，可見澈底追求喜愛的事物也是一種才能。

趣味知識　相對論就在你我的身邊

GPS系統能夠透過人造衛星掌握每個人的精確位置，正是運用了相對論原理。因此可以說，不管是車輛導航系統，還是智慧型手機的定位系統，都是拜愛因斯坦所賜。

小時候是個吊車尾的孩子

其實愛因斯坦小時候在學校的成績總是吊車尾，同學們還給他取了一個難聽的綽號叫「老實的驢子」，所以他很討厭上學，考大學時還落榜了。但是愛因斯坦非常喜歡數學，九歲的時候就用自己想出來的方法證明了「畢氏定理」。做喜歡的事超厲害，做不喜歡的事情就像頭驢子，這就是愛因斯坦。

艾薩克・牛頓

生卒年：西元1642～1727年　出生地：英國　職業：物理學家

這個天才的習慣

在書上寫一大堆筆記

知名度
★★★★★

厲害度
★★★★★

想模仿度
★★★★★

習慣
法則

把書本當成筆記本！

牛頓喜歡把大量的筆記寫在書本上，如今位於英國的王家學會圖書館收藏了一些牛頓生平讀過的書，每一本上頭都寫滿密密麻麻的筆記。如果看書的時候想到什麼好點子，看完卻忘得一乾二淨，那實在是太可惜了！或許寫在書上確實是個好方法。

讓古典力學更加完善的超級天才

提到牛頓，大家想到的應該都是他看見蘋果從樹上掉下來，因而發現了「萬有引力」。

若要以一句話來說明牛頓的貢獻，應該是「讓古典力學更加完善」。

所謂的古典力學，是指能夠說明肉眼所見有多驚人。

為什麼蘋果會從樹上掉下來，月亮卻不會？

一切物理現象的理論，例如課本上所教的「能量守恆定律」以及「作用力與反作用力定律」等，都是牛頓所提出。

據說牛頓發表了探討古典力學原理的著作《自然哲學的數學原理》之後，物理學家們紛紛表示「物理學已經沒有什麼可以研究的了」，可見牛頓對物理學的貢獻有多驚人。

才能因為停課而受到激發

牛頓發現了「萬有引力」的時候才二十二歲，這個重大發現和鼠疫有非常深的關係，他當時就讀的大學因為鼠疫大流行而停課，牛頓只好暫時返回故鄉。他決定好好運用這段時間做自己感興趣的研究，最後終於建立「萬有引力定律」。相較之下，大多數的人就算有了空閒，卻不一定會善加利用。所以我們或許可以說，妥善運用時間是成為天才的第一步。

● 這個天才的名言佳句 ●

**我能看得遠，
是因為我站在巨人的肩膀上。**

牛頓口中所說的「巨人」，指的是生存年代比他更早的物理學天才，例如伽利略、克卜勒等人。雖然牛頓是個天才，但如果沒有前人的研究，他絕對無法獲得如此偉大的物理學成就。

趣味知識　**牛頓曾經當過國會議員**

牛頓在四十六歲的時候，曾經獲選為國會議員。但是據說他在國會上幾乎不曾發言過，唯一說過的話是「主席，請把窗戶關起來」。

尼古拉・哥白尼

生卒年：西元1473～1543年　　出生地：波蘭　　職業：天文學家

這 個 天 才 的 習 慣

不管再怎麼忙碌，個人研究都要堅持下去

知名度	厲害度	想模仿度
★★★★★	★★★★☆	★★★★☆

習慣
法則

想要有偉大的發現，
就要堅持自己的興趣

「地動說」是天文學上最重大的發現，而提出這個學說的哥白尼，真正的職業其實是醫生兼神職人員，觀察天象只是他的興趣而已。他從求學時期就非常喜歡天文學，長大後更是只要有空就會觀測星辰，用羅盤記錄每一顆星星的動向。原本只是個人的興趣，卻因為持之以恆，最後獲得驚人的成就。

靠個人研究提出「地動說」

哥白尼是第一個提出「地動說」的人。在現在這個時代，「地球繞著太陽轉」已經是常識，但是在哥白尼生活的時代，所有的人都對「太陽和星星繞著地球轉」的「天動說」深信不疑，當時的教會也極力主張「在神的見證之下，天動說是不變的真理」。

只有哥白尼發現會動的不是太陽，而是地球！他透過觀測累積數據資料，計算每一顆星星的動向，最後得出「地球繞著太陽轉」的驚人結論。

我只是做自己喜歡做的事，沒想到竟然發現驚人的事實！

「地動說」發表後不久就去世了

哥白尼雖然發現「地球繞著太陽轉」，但是在那個時代，如果提出這樣的主張，可能會被冠上「反抗教會」的罪名，而落得淒慘的下場。因此哥白尼發現了真相之後，一直保持沉默，直到三十多年後才出書公布「地動說」。

這本書出版後不久，七十歲的哥白尼就離開了人世。他的理論透過書本流傳了下來，對後世的天文學發展有著深遠的影響。

趣味知識　竟然沒有惹禍上身

哥白尼生前一直擔心「地動說」會引起軒然大波，沒想到著作出版後，什麼事也沒有發生，教會也沒有加以追究。理由很簡單，可能因為這本書賣得太差了，根本沒有造成話題。

趣味知識　「哥白尼式轉變」

歐美國家間流傳有「哥白尼式轉變」這句話，意思是說價值觀出現了一百八十度大轉變，就像在「天動說」被視為理所當然的時代裡提出「地動說」一樣。從這句話的出現，就可以知道「地動說」這個理論在當時有多違背常識！

伽利略‧伽利萊

生卒年：西元1564～1642年　　出生地：義大利　　職業：物理學家、天文學家

這個天才的習慣

透過實驗
親眼見證真相

知名度　　　　　厲害度　　　　　想模仿度

★★★★★　　★★★★★★　　★★★★★

習慣
法則

不盲目相信別人的話

伽利略被後人稱為「科學之父」，是因為他不會輕易相信大家視為「理所當然」的常識。他喜歡透過實驗的方式，親眼見證真相。或許大家會覺得他是個難相處的人，但也正因為他有這樣的個性，一生中得到很多重大的發現。

靠實驗顛覆常識

伽利略是一位擅長物理學和天文學的義大利科學家。他小的時候成績非常優秀，但進入大學後，卻開始對課本上的內容抱持懷疑，例如當時學者認為「物體會掉落是因為有重量，所以越重的東西掉落速度越快」，所有人都覺得這是理所當然的事，唯獨伽利略產生疑問。

他找來了一顆較重的球和一顆較輕的球，進行了實驗，最後的結論是兩顆球掉落的速度相同。換句話說，他靠著實驗證明了常識不見得正確。

如果說出實話，可是會被判死刑的！

發現「地動說」才正確

伽利略懷疑世間一切常識的探究心態，也體現在天文學領域上。當時的人都相信太陽和星星繞著地球旋轉的「天動說」，但伽利略以自己製造的觀星望遠鏡仔細觀測星星，最後證實地球繞著太陽旋轉的「地動說」才正確的結論，並且寫在自己出版的書裡，卻被認為是違背《聖經》教誨而遭到審判，最後為了保命，只好改口說「地動說」並不正確。

●這個天才的名言佳句●

所有的學問皆源自於懷疑。

任何事情都應抱持追根究柢的懷疑心態，才能讓自己的知識更上一層樓。就算是再微小的事情，也應該習慣思考「為什麼」，因為這是得到新發現的契機。

趣味知識　但地球還是在動？

據說伽利略在審判結束之後，低聲說了一句「即便如此，地球還是在動」，傳為後世佳話（雖然也有另一派說法，指出這段「佳話」只是後人的杜撰）。

史蒂芬・霍金

生卒年：西元1942～2018年　　出生地：英國　　職業：物理學家

這個天才的習慣

集中精力於做得到的事情，不懊惱於做不到的事情

知名度　　　　厲害度　　　　想模仿度
★★★★☆　★★★★★★　★★★☆☆

習慣法則

抱持一顆不服輸的心

霍金博士年輕的時候就罹患罕見疾病，導致全身癱瘓，但他還是持續做研究，發表了許多關於宇宙的重要理論。因為生病的關係，他做不到很多一般人做得到的事情，但他並不因此感到懊惱，反而更加努力尋找自己做得到的事情，而且投入全部精力。

正是這種即使遭遇困難也要保持樂觀積極的心態，非常值得我們學習。

21歲就罹患罕見疾病

霍金博士罹患一種俗稱為「漸凍人症」（ALS）的罕見疾病，而且二十一歲就被醫生診斷出來，當時醫生還告訴他，他很可能活不過二十四歲。那時霍金還只是一個熱心於研究的動力。

宇宙和時空理論的研究所學生，雖然一開始難免有沮喪，但他後來重新振作起精神，正因為不知道還能活多久，所以他非常認真做著當下能夠做的事情。

他告訴自己：就算身體不能動，還是能研究自己最喜歡的宇宙物理學，重新獲得活下去的動力。

> 我的心靈能夠在整個宇宙中自由自在的探險。

發表關於宇宙的新理論

雖然霍金博士被宣判只能活到二十四歲，但這個預言沒有成真。

霍金博士確實因為這個疾病的關係，全身肌肉都不聽使喚，只能一輩子坐在輪椅上，但他不僅活到七十六歲，還發表很多關於宇宙起源和黑洞的嶄新理論，對全世界的科學研究造成相當大的影響。罹患罕見疾病的厄運，沒有澆熄他對研究的熱情，所以才能實現名留科學史的偉大成就。

● 這個天才的名言佳句 ●

不管人生遭遇多大的困難，必定有自己能夠成功的事情。

看到霍金博士雖然身染重病，卻沒有放棄研究，等於告訴我們，就算遭遇挫折，也要相信一定有自己能夠做到的事情！保持這樣的心態，就能打開成功之門。

趣味知識　引發一波宇宙熱潮

霍金博士1988年出版《時間簡史：從大爆炸到黑洞》，在全世界賣出了超過一千萬本，提升一般民眾對宇宙的興趣，這也是霍金博士的重要貢獻之一。

阿基米德

生卒年：西元前287～前212年　　出生地：古希臘　　職業：科學家

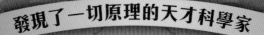

這個天才的習慣

不論任何時候，都要持續思考

知名度　　　　　厲害度　　　　　想模仿度
★★★★★　　★★★★☆　　★★★★☆

習慣法則

不論何時何地都在思考

阿基米德在許多領域都有很傑出的貢獻，他的身分包含數學家、發明家、天文學家等等，多到不可勝數。他有個習慣，那就是「不論何時何地都在思考」。

據說他居住的島嶼正遭到羅馬軍攻打的時候，他還在家裡全神貫注的繪製數學圖形、計算數學問題。旁人都覺得這太誇張了，但他的心中就是有這麼多等待他去研究的學問。

活躍於古希臘時代的超級天才

阿基米德是一個生活於距今超過二二〇〇年前的天才科學家。他最擅長的是數學，曾提出「槓桿理論」、「圓周率的計算」和「阿基米德浮體原理」等各種發現許多生活中的原理和機制。

只要給我一個支點，我可以舉起地球。

重要的理論。其中的「阿基米德浮體原理」探討物體浮力，可以說明「為什麼船會浮在水面上」之類的現象。

雖然船浮在水面上現在看起來是理所當然的，但在那個時代確實很不可思議！除了浮體原理之外，阿基米德還發現許多生活中的原理

留下許多發明的傳說

阿基米德不僅發現許多科學原理，而且還是一個相當多產的發明家，例如利用槓桿原理將沉重的石頭拋向遠方的投石機，以及可以將

水從低處送往高處的螺旋抽水機。除了這些流傳後世的發明之外，傳說中他還發明了一種名為「阿基米德熱光」的可怕武器，可以利用太陽光讓敵人的船隻起火燃燒！「超級天才」這個名號，阿基米德可說是當之無愧。

趣味知識

對現代數學也有相當深遠的影響

阿基米德也是史上罕見的偉大數學家，例如他計算出圓周率、想出回轉體的體積計算方式等等。為了紀念他的貢獻，有「現代數學諾貝爾獎」之稱的「菲爾茲獎」，獎牌上所刻的圖案正是阿基米德的側臉。

趣味知識

在洗澡時想出「阿基米德浮體原理」

據說阿基米德是在洗澡的時候，看見洗澡水溢出浴缸外，因而想出「阿基米德浮體原理」。這種神來一筆的靈感，也是阿基米德被稱為天才的主要原因之一。

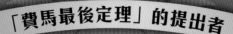

皮埃爾・德・費馬

生卒年：西元1607～1665年　　出生地：法國　　職業：律師、數學家

這個天才的習慣

澈底沉迷於興趣之中

知名度
★★★★★

厲害度
★★★★★

想模仿度
★★★★★

習慣法則

將自己想出來的數學問題寄給數學專家

費馬本人的職業是法律家，但是他非常喜歡數學，經常想出各種稀奇古怪的數學問題，並且把數學問題寄給當時歐洲的著名數學家，看看對方是否能解出答案。在他人眼裡，這樣的興趣實在是非常給人添麻煩，但正因擁有這樣的興趣，才會構思出「費馬最後定理」這個超級難題，成為數學界裡名留青史的人物。

費馬最著名的事蹟就是想出「費馬最後定理」，讓全世界的數學家苦惱了超過三百年。

費馬的職業是法律家，但在讀了古希臘數學家丟番圖的著作《算術》之後，就對數學大感興趣。他心中有時候會冒出「只要運用這樣的理論，應該就能寫出這樣的公式」之類的想法，並且從中歸納出新的定理，然後寫在書本的空白處。費馬去世後，他的兒子發現父親遺留下大量的文字，裡頭包含過去沒有人提出過的數學猜想或定理，於是就將這些文字集結成書出版，在當時的數學界造成相當大的轟動。

我想到能夠讓所有人大吃一驚的證明方式，可惜這裡的空白太小，沒有辦法完整寫下來！

趣味知識　什麼是「費馬最後定理」？

說到「費馬最後定理」的主張，就是「假設 n 為 3 以上的自然數，能夠滿足 $x^n + y^n = z^n$ 這個方程式中的 x、y、z 的自然數並不存在。」，可以視為畢氏定理「$x^2 + y^2 = z^2$」的延伸，在 n＝2 的情況下，可以找到無限組自然數的 x、y、z 的組合，但費馬主張如果 n＝3 以上，那就一個組合也找不到。

在數學的領域裡，要主張一樣東西「不存在」，就得加以證明才行，但費馬只是寫下「我想到能夠讓所有人大吃一驚的證明方式，可惜這裡的空白太小，沒有辦法完整寫下來」，就讓全世界的數學家想盡辦法驗證這個定理到底是不是真的。

費馬遺留下的筆記文字共有四十八篇，這些文字都是寫在書本的空白處，因為空間不太夠，計算的過程往往被省略了，後人無法肯定是否真的經過證明，於是有一群數學家開始驗證這些內容的正確性。

其中有四十七篇順利驗證完畢，只有一篇沒有辦法加以證明，那就是「費馬最後定理」，而這個數學界最大的難題也促使後世的數學家深深記住費馬的名字。

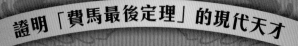
安德魯·懷爾斯

生年：西元1953年～　出生地：英國　職業：數學家

這個天才的習慣

把工作當成一種享受

知名度　　　　厲害度　　　　想模仿度
★★★★★　★★★★☆　★★★★☆

習慣法則

讓自己不放棄的訣竅
就是樂於其中

英國數學家懷爾斯成功證明數學界的超級難題「費馬最後定理」，並且還說自己在解這道問題的期間非常快樂，一點也不認為是一件麻煩事。據說他一個人偷偷嘗試解這道問題，過程中並沒有告訴任何人，理由就是想要「獨占這個樂趣」。或許我們應該學習他的心態，不要認為讀書或寫作業是一件麻煩事，而是抱著樂在其中的心情。

十歲時得知「費馬最後定理」

有非常多號稱天才的數學家嘗試證明「費馬最後定理」，但長達三百年來都沒有人成功過，直到懷爾斯出手挑戰，才終於解開這個歷史上的著名難題。據說懷爾斯十歲時得知「費馬最後定理」後便開始

我終於實現小時候的夢想！

為超過三百年的疑問畫下休止符

懷爾斯在大學裡的

努力求學，決定長大要當一名專業的數學家，以解開這個連號稱「智慧巨人」的數學天才們也拿它沒有辦法的超級難題。

研究成果獲得相當高的評價，成為一名專業的數學家之後，就開始挑戰小時候的夢想，嘗試證明「費馬最後定理」。

但這畢竟是三百多年來沒有人能夠解開的超難問題，要實現夢想絕對

沒有那麼容易，然而他依然沒有放棄，終於在一九九三年宣布成功證明「費馬最後定理」，後來又經過數次修正，在一九九五年獲得數學界的承認，正式破解了這個世紀難題！

●這個天才的名言佳句●

恐怕再也找不到如此吸引人的問題了！

懷爾斯從來沒有忘記「證明費馬最後定理」這個夢想，最後實現夢想。能夠為自己著迷了一輩子的問題找到答案，可以說是一種幸福。

趣味知識　成功背後仰賴眾多的研究成果

破解「費馬最後定理」的世紀任務就像一場接力式的拔河比賽，懷爾斯最後能成功證明「費馬最後定理」，歷史上許多數學家都曾經助他一臂之力，包括「谷山－志村猜想」也是一大助力。換句話說，這項壯舉其實是由許多數學家合力完成的。

斯里尼瓦瑟·拉馬努金

生卒年：西元1887～1920年　出生地：印度　職業：數學家

這個天才的習慣

每天祈禱

知名度	厲害度	想模仿度
★★★★★	★★★★★	★★★★★

習慣法則

靠神明的力量推導出公式？

拉馬努金是虔誠的印度教徒，有著每天祈禱的習慣。他靠著驚人的靈感，發現許多連專業數學家也覺得「難到看不懂」的數學公式。他對外聲稱自己能夠找到這些公式，完全仰賴每天虔誠祈禱。或許對拉馬努金來說，祈禱就像是鑽研數學問題前的一種例行公事。

靠自學找出艱深的公式

拉馬努金是個天才數學家，獨自找出四千條定理與公式，有「印度魔術師」的美稱。最驚人的是，他根本沒有接受過數學方面的正式教育，卻可以找出大量連專業數學家也難以理解的艱深公式。他的名字在數學界傳開，是因為他把自己找到的公式都寫在一本又一本的筆記本裡，然後寄送給全英國的大學。可惜絕大部分的大學都沒有理會拉馬努金的筆記本，理由是因為他只有寫出公式，卻沒有寫出證明的方式，因為他並沒有接受過正式的數學訓練，所以不知道什麼是「證明」。

證明是什麼意思？

在英國數學界得到高度評價

剛開始，只有劍橋大學的哈代教授看出拉馬努金的才能。哈代教授原本也以為筆記本只是一個惡作劇，然而他仔細檢視每一條公式之後，發現裡頭竟然包含自己所發現但還沒有對外發表的公式，他開始懷疑「這個人或許是個天才」，於是邀請拉馬努金到劍橋大學。從此之後，世人才漸漸開始承認拉馬努金的才能，拉馬努金的名字也一直流傳到今日。

趣味知識　以每天六個的驚人速度發現數學公式

拉馬努金在劍橋大學從事數學研究之後，以驚人的速度每天發現六個數學公式，讓哈代教授嘖嘖稱奇。哈代教授擔心若要求拉馬努金證明公式，反而會阻礙他那有如神明附身的靈感，因此只要他專心找出公式，自己則肩負起證明公式的工作。事實上，就算強迫拉馬努金證明公式，他依然把全部心思放在找出公式上，不斷想出新的公式構想，根本無法專心證明，哈代教授最後只好任憑他自由發揮。哈代教授一輩子都以拉馬努金為榮，甚至說過「我對數學界的最大貢獻，就是我發現了拉馬努金」。

約翰‧馮紐曼

生卒年：西元1903～1957年　　出生地：匈牙利　　職業：數學家

這個天才的習慣

不做無謂的爭辯

知名度	厲害度	想模仿度
★★★★★	★★★★★	★★★★★

習慣法則

盡量與他人和平相處

馮紐曼生平有一個原則，那就是「只和比自己聰明的人爭辯」。這是為了避免無謂的爭辯導致人際關係惡化，可說是馮紐曼與別人和平相處的方法。或許是因為他實在太聰明了，導致他認為和聽不懂自己說的話的人爭辯，是沒有意義的行為。

天底下沒有
我不會的事，
因為我是天才。

● 這個天才的名言佳句 ●

**看來這世界上出現了僅次
於我的計算高手。**

電腦剛問世的時候，馮紐曼曾說
過這樣的話。事實上他擁有非常
驚人的記憶和心算能力，據說只
要隨便翻開電話簿的其中一頁，
他就可以立刻背出上面的電話號碼，並且計算
出所有數字的總合。

趣味知識　對電腦的研發也有貢獻

馮紐曼的成就之中，最有名的一項是1945
年提出的電腦設計概念架構，後人稱之為
「馮紐曼型架構」，現今的電腦、手機等
都是採用這個「馮紐曼型架構」。

表現優異的跨領域超級天才

馮紐曼是二十世紀科學史上重要的人物之一，他任職於普林斯頓高等研究院，在號稱「每個都是天才」的教授群之中，被認為是天才中的天才。他的腦筋比超級天才。

一般人優秀太多，而有「偽裝成人類的惡魔」之稱。他在研究上的成就也非常傲人，五十一年裡發表了一百五十篇論文，領域涵蓋數學、物理學、電腦科學、資訊工學、生物學、氣象學、經濟學和政治學，是一個橫跨所有領域的

孩提時代就表現出特別的才能

馮紐曼是個標準的天才，八歲時就學會微積分，十一歲時已經擁有研究所等級的知識，甚至同時就讀布達佩斯大學、柏林大學和蘇黎

世理工學院，二十三歲就取得數學、物理和化學的博士學位。最值得一提的是，他任職於普林斯頓高等研究院時，愛因斯坦剛好是他的同事，據說連愛因斯坦也曾告訴其他人：「我們這群人之中，頭腦最好的是馮紐曼。」

亞歷山大·弗萊明

生卒年：西元1881～1955年　出生地：英國　職業：細菌學家

這個天才的習慣

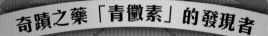

在工作中帶著玩心

知名度　　　　厲害度　　　　想模仿度
★★★★★　★★★★★★　★★★★★

習慣法則 使用細菌畫圖和寫字

細菌學家弗萊明平常的興趣是使用細菌畫圖和寫字。在一般人的想法裡，遊戲和工作完全是兩碼子事，但是弗萊明就算是休閒也離不開細菌。或許正因為這樣的心態，最終才得以實現「發現青黴素」這個偉大成就。

發現青黴素只是一場偶然？

身為細菌學家的弗萊明，是傳染病重要治療藥物「青黴素」的發現者。青黴素是綠色黴菌中提煉出的分泌物，被發現的過程完全是一場偶然。有一天，因為弗萊明的管理失當，導致葡萄球菌的培養皿被綠色黴菌污染，弗萊明本來想將培養皿丟掉，但他一時興起，觀察起培養皿的內部狀況，發現黴菌周圍的細菌竟然消失了！

「難道黴菌可以殺死細菌？」弗萊明產生了這樣的靈感，正式開始研究黴菌的功效，最後成功發現了青黴素。

我發現黴菌可以殺死細菌！

青黴素的出現，解救了無數生命

青黴素能夠在極短的時間裡，治癒原本無藥可治的破傷風等傳染病，讓病患得以存活。這可以說是歷史性的一刻，因為人類首次獲得能夠打倒細菌的武器。

這都歸功於弗萊明當初發現被黴菌污染的培養皿，並且仔細的觀察了培養皿，而沒有立刻將培養皿丟掉。或許是因為弗萊明抱持著對細菌的強烈求知慾，才促成這樣的好運。

趣味知識　戰爭促成弗萊明的細菌研究

弗萊明開始研究細菌，其實是因為戰爭的關係。他曾經駐守戰場醫院，協助救治傷兵，親眼目睹許多士兵因為傷口感染細菌而死亡，因而下定決心要研究出能夠治療細菌感染的藥物。

趣味知識　貢獻受到肯定，榮獲諾貝爾獎

弗萊明發明的青黴素拯救了無數病患的性命，他也因為這個貢獻，在1945年獲得諾貝爾生理學或醫學獎。

佛羅倫絲・南丁格爾

生卒年：西元1820～1910年　　出生地：義大利　　職業：護理師、統計學家

這個天才的習慣

不論對誰都可以毫無畏懼的表達意見

知名度　　　　厲害度　　　　想模仿度
★★★★★　★★★★★　★★★★☆

習慣法則

面對任何人都無所畏懼

南丁格爾是個不管與誰交談都能勇於表達意見的女性，據說她在戰場上擔任護理師的期間，曾有軍隊的長官不准她取走庫存的藥物，她竟然直接用斧頭劈開藥箱，取走裡頭的藥物。雖然這個傳說只是後人的杜撰，但也代表南丁格爾在大家心中不畏強權的形象。

醫療衛生的推動者

在克里米亞戰爭期間，南丁格爾因為不分敵我、全心全意照顧傷兵，所以被稱為「克里米亞的天使」。在那個年代，社會大眾對「公眾衛生」的觀念還很薄弱，當時的野戰醫院並不重視清潔問題，傷患在短短三個月內降低至5％。

的繃帶和床單都骯髒不堪，重視醫療衛生的南丁格爾全力推動清洗床單和打掃病房，還自己掏腰包，請人從英國送來繃帶等醫療物資以及有營養的食物，堅持進行醫療改革。原本野戰醫院的傷兵死亡率高達46‧7％，自從南丁格爾來了之後，死亡率

> 不改善環境衛生，
> 病患不可能
> 恢復健康！

利用統計學推動改革

南丁格爾回到英國之後，持續推動各項改革，例如她藉由統計學證明了造成傷兵死亡的最大原因是醫院衛生環境太差，並以此要求軍

方高層徹底改善。據說她的立場實在太強硬，就連軍方高層也對她畏懼三分。

她曾說過：「真正的天使，該做的事情並不是到處去撒美麗的花朵，而是為受煎熬者奮戰。」事實上，她正是這句話的最佳榜樣。

● 這個天才的名言佳句 ●

照顧傷患不能是一種
自我犧牲的行為。

雖然南丁格爾一直盡心盡力照顧傷兵，但她曾經說過「照顧傷患不能靠自我犧牲」這一句話，因為那沒有辦法長久維持下去。她的許多觀念如今都成為護理界的基本常識，受到醫療從業人員的重視和遵從。

趣味知識　第一個採用緊急呼叫鈴的護理師

醫療機構裡廣泛使用的緊急呼叫鈴，也是由南丁格爾所創設。藉由讓傷患主動搖鈴的方式，可以在傷患身體狀況出問題時迅速採取應變措施。

瑪里·居禮

生卒年：西元1867～1934年　　出生地：波蘭　　職業：物理學家

這個天才的習慣

想要轉換心情，就解數學問題

知名度　　　　厲害度　　　　想模仿度
★★★★★　★★★★★　★★★★☆

習慣
法則

轉換心情順便
訓練大腦

每個人都會有「覺得沒辦法集中精神，想要轉換心情」的時候，每當居禮遇上這樣的情況，就會開始解「數學問題」。居禮聲稱這麼做有助於讓自己轉換心情，讓頭腦重新恢復活力。這對現代的孩子來說，應該非常有模仿的價值，如果寫作業的時候表示要「靠打電動轉換心情」，一定會引來父母的責備，但是「靠解數學問題轉換心情」絕對沒問題！

史上第一人拿到兩次諾貝爾獎

居禮是史上第一個獲得諾貝爾獎的女性物理學家，光是獲得一次就已經很不容易，她竟然獲得了兩次！第一次是一九○三年的物理學獎，第二次是一九一一年的化學獎。像這樣由同一個人獲獎兩次的壯舉，也是史上頭一遭。

> 「女人做不到」的觀念已經落伍了！

而這個殊榮，歸功於她不服輸的脾氣。她第一次獲得諾貝爾物理學獎是與她的丈夫（也是共同研究者）一同獲獎，有些心胸狹窄的人不承認居禮的貢獻，認為她只不過是「沾了丈夫的光」，因為那個時代的科學家絕大多數都是男性，因此有很多人抱有偏見，認為「女人不可能那麼厲害」。

女人也可以成為偉大的科學家

居禮並沒有因為那些閒言閒語感到氣餒，既然大家不相信她的實力，那她就再也得獎一次給大家看！她抱著這樣的決心，繼續埋首於研究之中，終於獨自獲得諾貝爾化學獎，讓當初藐視她的人不敢再小看她，也讓全世界都承認她的貢獻。這種即使遭到輕視也要貫徹信念的精神，即使到了今天，依然帶給世人莫大的勇氣。

● 這個天才的名言佳句 ●

人生最大的報酬，就是做有智慧的事。

其實只要為自己的研究成果申請專利，居禮就可以獲得龐大的收入，但她不僅沒有這麼做，反而對外公開自己的研究成果。或許在她的心裡，讓更多人知道這些研究成果，幫助更多的人，遠比金錢重要得多。

趣味知識　放射線研究的開創者

居禮終其一生都在研究放射線，如今醫療機構能夠使用X光檢查和放射線治療來治病，可以說都是她的功勞。

查爾斯·達爾文

生卒年：西元1809～1882年　　出生地：英國　　職業：自然科學家

這個天才的習慣

回覆每一封信

知名度	厲害度	想模仿度
★★★★★	★★★★★	★★★★★

習慣法則

超愛寫信的科學家

達爾文的習慣是「不管收到任何人的來信，一定會回覆」。當他成名之後，每天都會收到非常多的來信，他通常會在收到信的十天之內寄出回信。據說他一生中總共寄出七千五百九十一封信。如果他生活在現代，一定會覺得有電子郵件非常方便吧！

二十三歲的時候決定離家探險

達爾文是提倡「演化論」的著名自然科學家。「演化論」主張生物有共同的祖先，在漫長的歲月裡慢慢發生演化，這套觀念為現代的生物學奠定了基礎。達爾文建立「演化論」的契機，是在他二十三歲

一定要用自己的雙眼，仔細看看這個世界！

那一年，當時有個探險家「羅伊船長」，邀請達爾文隨他一同出發探險。年輕的達爾文非常喜歡生物和大自然，心裡認為這會是一趟有趣的旅程，於是馬上就答應了，並且為了這趟旅行拋棄學業，跟隨著羅伊船長在南美洲、澳洲等地探險，時間長達五年之久。

以自己的雙眼見證「演化論」

對達爾文來說，這是一場充滿驚奇和興奮的探險之旅。他在南美洲、加拉巴哥群島、紐西蘭和澳洲等地，觀察到許多不存在於歐洲的的親眼見證。

生物，甚至還曾挖掘化石進行生物調查。這些經驗讓達爾文深信所有的生物都歷經了演化的過程，而化石就是演化的最佳佐證。以上這些經歷讓後人相信，達爾文之所以能夠提出「演化論」，仰賴的是自己

● 這個天才的名言佳句 ●

天底下再也沒有比蒐集獨角仙更讓我著迷的事情了！

達爾文就讀劍橋大學時，原本預計未來要當一名牧師，但蒐集獨角仙比學校的課業更令他著迷。由此可以看出他原本就對生物非常感興趣。

趣味知識

專門探討演化論的《物種起源》

達爾文經常將自己的研究成果集結出書，其中的代表著作就是《物種起源》，這本著作引來相當大的迴響，使達爾文的名聲流傳至今。

卡爾·馬克思

生卒年：西元1818～1883年　　出生地：普魯士王國　　職業：思想家、經濟學家

這個天才的習慣

就算沒有錢也要貫徹信念

知名度	厲害度	想模仿度
★★★★★	★★★★☆	★☆☆☆☆

習慣法則

就算再怎麼辛苦，都不放棄自己的信念

馬克思把一生大部分的時間都花在撰寫《資本論》等著作，並且抱持著「絕對不能讓自己遭資本社會洗腦，成為一具賺錢的機器」的信念，所以堅持不肯工作，也幾乎沒有工作過，因此一直過著窮困的生活。

我也不知道自己
為什麼會這麼窮！

馬克思最有名的事蹟，就是撰寫了《資本論》，在全世界造成非常大的影響力。《資本論》是一本談論經濟問題的著作，但馬克思明明寫書談經濟，自己的經濟狀況卻相當糟糕，例如他喜歡揮霍金錢，手上只要一有錢就會全部花掉，所以經常處於身無分文的窮困狀態。

一般人處在這樣的狀況下，通常會產生「不能再這樣下去，得好好存錢才行」的念頭，但他完全沒有存錢的打算，也毫無理財的概念。

馬克思雖然窮，在某些人的眼裡卻擁有強大的魅力。尤其是思想家恩格斯，對馬克思更是佩服得五體投地，經常援助資金，供馬克思從事各種活動。

馬克思的觀念和想法被後人稱為「馬克思主義」，影響了非常多的國家，先不論歷史上對於「馬克思主義」的評價，在思想上他確實是個天才。

● 這個天才的名言佳句 ●

**就算人生重來一次，
我還是會做相同的事情。**

馬克思一輩子過著窮困的生活，凡事都以經濟問題的研究為優先考量。但他從來不曾後悔，還曾經在給朋友的信裡寫出上面這句話。但他另外也寫了一句「不過下次我不會結婚」，或許他還是有為家人添麻煩這件事感到內疚吧！

趣味知識　原本是富家子弟

馬克思出生在富裕家庭，原本是一個大少爺。他不擅長管理金錢，或許正是因為小時候過慣奢侈的生活。

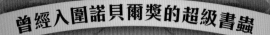
野口英世

生卒年：西元1876～1928年　　出生地：日本　　職業：醫學家

這個天才的習慣

幾乎所有的時間都在讀書和學習

知名度
★★★★★

厲害度
★★★★★

想模仿度
★★★★☆

習慣法則

把握零碎時間拚命的看書

野口英世從小就是個整天都在學習的「超級書蟲」，他在語言的學習上特別有天分，以自學的方式學會英文、法文、德文、中文和俄文。他學習語言的竅門之一，就是把握時間拚命讀書，學習熱忱到了令人難以置信的程度，據說就連洗澡的時候，手上也拿著一本英文書讀個不停。

野口英世是一名醫學家，他最大的成就在於黃熱病的研究，對醫學的貢獻受到全世界認同，還曾經成為諾貝爾獎的候選人。事實上，他從小就立志長大之後要走醫學之路，理由是小時候他的左手曾經燙傷，幾乎到了殘廢的地步，全靠醫生為他動手術才治癒，因為感動於醫學的偉大，從此決定要當一名醫生。高等小學畢業之後，他就進入當初動手術的醫院當學徒，只要一有時間就一手拿著外文辭典、一手拿著專業書籍，努力的讀書，終於在二十一歲時考上醫師執照，正式成為一名醫生，實現了小時候的夢想。

醫學實在是太偉大了！

野口英世當上醫生之後，把精力都投注於傳染病治療法的研究上面，為了能夠進行更先進的研究，他選擇前往美國，進入洛克菲勒醫學研究所擔任研究員。即使到了美國，他對學習的熱忱依然不減，無論何時見到他，他都在努力做研究，讓人產生一種「他到底什麼時候睡覺」的疑問。當上醫生之後依然願意為了研究而犧牲睡眠，真的很不容易！

● 這個天才的名言佳句 ●

**所謂的天才，就是能夠比
別人努力三倍、
四倍、五倍的人。**

野口英世從小在貧困的家庭長大，靠著不眠不休的努力，終於成為留名青史的醫學家。或許真正的天才，正是像他這樣能夠努力不懈的人。

趣味知識　其實有著愛揮霍的性格

野口英世雖然勤勉好學，但他曾把原本要用來前往美國的旅費拿去吃喝玩樂，花得一乾二淨，也是有他玩世不恭的一面。

福澤諭吉

生卒年：西元1835～1901年　　出生地：日本　　職業：思想家、教育家

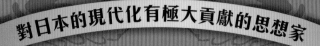

這個天才的習慣

每天鍛鍊身體

知名度　　　　　厲害度　　　　　想模仿度
★★★★★　　★★★★★　　★★★★☆

習慣法則

運動

六十歲之後依然每天

福澤諭吉將運動當成每天必做的事情，最常做的是練習拔刀術和搗麻糬。據說他有時一天會練習多達上千次的拔刀術，而且不分四季都在搗麻糬。當時日本人的平均壽命只有四十三歲，但他活到六十八歲，或許每天鍛鍊身體正是他長壽的祕訣。

超級暢銷書《勸學篇》的作者

福澤諭吉是活躍於日本幕末時期至明治時期的思想家，最有名的一句話是「天不造人於人之上，不造人於人之下」，意思是「人人生而平等」。這句話其實是他明治五年出版的著作《勸學篇》內的開場白。當時日本才剛廢除四十萬本。

「士農工商」的身分制度，對那個時候的日本人來說，「人人生而平等」還是一個非常新的觀念。

著作中強調：「雖然人人平等，卻有著貧富差距和身分高低，最大的原因就在於有學問和沒有學問的差別。」這本強調學問重要性的著作，在當時的日本非常暢銷，據說賣了三百

我就是一萬圓日幣紙鈔上的人物。

每個人都應該要學習生活的智慧

福澤諭吉在著作中強調的「學問」，並不是「會不會寫艱深的字詞」之類的書本學問，而是「做生意的訣竅」

之類、對生活有所幫助的智慧和知識。他主張每個人應該都要好好學習這些知識，以求自立自強，他對教育有著深遠的影響，也為日本的現代化發展奠定基礎。

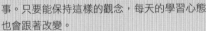

學問即為事之術。

這句話的意思是「學問就是做事情的方法」。福澤諭吉認為學習並不是為了迎合他人，而是為了實現自己的目標，做自己想做的事。只要能保持這樣的觀念，每天的學習心態也會跟著改變。

趣味知識　日本慶應義塾大學的創立者

福澤諭吉也是一名積極辦學的教育者，他創辦了「蘭學塾」，是一所教導西洋學問的學校，後來改名為「慶應義塾」，就是現在「慶應義塾大學」的前身。

津田梅子

生卒年：西元1864～1929年　　出生地：日本　　職業：教育家

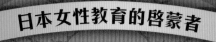

這個天才的習慣

不怨天尤人

知名度　　　　　厲害度　　　　　想模仿度
★★★★☆　★★★★★　★★★★☆

習慣法則

保持求學的意志

津田梅子有一句名言是：「比起環境，更重要的是求學的意志。」，可以說是日本女性教育的開拓者。當時絕大多數的日本女性都很難獲得求學的機會，津田梅子再三強調「求學意志」的重要性。相較之下，我們生活在一個可以自由學習的時代，更應該重視「求學之心」，不要浪費這樣的大好機會。

我想讓日本的女性
獲得發光
發熱的機會。

年僅六歲就前往
美國留學

日本在二〇二四年時即將為日圓鈔票重新換裝，新版的五千圓鈔票上頭的肖像畫，就是明治時代的女性教育家津田梅子。她在明治四年以女性留學生的身分加入岩倉使節團，當時的女孩子。

她才六歲。接下來的十一年，她一直都住在美國，十七歲時才返回日本。六歲其實是需要父母陪伴的年紀，她卻隻身前往異國留學，一般的父母和孩子可能都沒有這樣的勇氣，但津田梅子卻忍受著寂寞，在美國用功念書，可見她從小就是一個相當堅強的女孩子。

追求女性也能夠
活得自由自在

津田梅子回到日本後，發現相較於美國，日本社會的女性地位實在太低了。在日本人的觀念裡，認為女人的職責就是「相夫教子」，

女性很難有發揮自身專長的機會，所以她下定決心要改變這個狀況。意識到教育的重要性，她在三十五歲那年創立「女子英學塾」，終其一生致力於推廣女性教育，讓日本女性也有機會能夠在社會中貢獻所長。

● 這個天才的名言佳句 ●

目標是成為全能女性。

「女子英學塾」後來改制為「津田塾大學」，是一所專收女學生的大學，津田梅子提出「兼具學識與專業的全能女性」這個概念，成為這所大學的治學理念。

趣味知識　曾經見過海倫·凱勒和南丁格爾

津田梅子與海倫·凱勒、南丁格爾都曾見過面，兩人也都曾鼓勵過她，和她們會面在她心中形成相當大的激勵作用。

塙保己一

生卒年：西元1746～1821年　　出生地：日本　　職業：日本國學家

這個天才的習慣

每天背誦《般若心經》一百遍

知名度	厲害度	想模仿度
★★★★☆	★★★★★	★★★☆☆

習慣法則

訓練自己集中注意力

塙保己一習慣每天一定要背誦《般若心經》一百遍。他從小雙眼失明，每當他想要知道一本書的內容時，只能請人念出來，然後牢記在心裡。要採用這樣的學習方式，前提是要有極佳的記憶力，他靠背誦《般若心經》來訓練自己的記憶力，透過這樣的努力來彌補身體上的缺陷。

靠著驚人的記憶力大量學習

塙保己一是日本江戶時代的著名學者，他在七歲的時候，就因為疾病導致雙眼失明，但他還是靠著在手上寫字的方式來讀書識字。據說他擁有超強記憶力，能夠將別人說過的話一字不差的說出來，從小就展現過人的才能，果然長大之後成為學者。

他十五歲的時候前往江戶求學，因雙眼失明，沒辦法像一般人一樣看書學習，但他靠著驚人的記憶力默背在心裡，累積大量的知識，令所有人都感到相當驚訝。

任何事情只要讓我記住了，就不會再忘記。

花了四十年編纂《群書類從》

塙保己一累積大量學問之後，開始編纂一套名為《群書類從》的文獻集。這是一個相當浩大的工程，因為這套文獻集多達六百六十六本，花了整整四十年的光陰才完成。而在他之前，日本從不曾有人嘗試推動過如此大規模的出版事業。如果不是他耗費心血編纂了這套文獻集，其中有很多文獻資料恐怕早已佚失，生活在現代的讀者根本無緣看見。

●這個天才的名言佳句●

因一點小事就暴跳如雷的人，沒有辦法成就大業。

據說塙保己一從十六歲開始，每年年初都會以這句話告誡自己。雙眼失明的他，想必經常遭受歧視和欺壓，吃了不少苦頭，所以才會以這句話讓自己重新振作精神。

趣味知識　記在腦海裡的書多達六萬本？

據說塙保己一的書庫裡有六萬本書，他把這些書的內容全部記在腦海裡。如果這個傳聞是真的，他的頭腦恐怕已經不是天才等級，而是神的等級了！

糸川英夫

生卒年：西元1912～1999年　出生地：日本　職業：工程學家

這個天才的習慣

每一天的 2%
留給未來的夢想

知名度　　　厲害度　　　想模仿度
★★★★★　★★★★★　★★★★☆

習慣法則

預留百分之二的時間
用來實現夢想

　糸川英夫的處世原則，是一天裡百分之九十八的時間用來處理今天或明天的事，然後把百分之二的時間保留給未來十年、二十年後的夢想。實際上他把這百分之二的時間用來製作小提琴，這與他的職業完全無關，他卻能維持這個習慣長達四十五年，這個習慣告訴我們，如果每天花一點時間在夢想上，人生會變得更精采。

提出了「載客火箭」的構想

糸川英夫有日本「火箭研發之父」美稱。

自從小時候觀看了專業飛行員的飛行表演秀之後，他就對飛機抱持莫名的憧憬，因而踏入航空工學的領域，負責研發他最喜歡的飛機。

第二次世界大戰結束之後，美國禁止日本繼續研發飛機，糸川英夫改為研發火箭，而且不是普通的火箭，而是提出「載客火箭」的構想，提升火箭的速度，只要二十分鐘就可以橫越太平洋，從此投入火箭的研發工作。

我要製造出一架
二十分鐘就可以橫越
太平洋的火箭！

日本火箭研發的開拓者

雖然糸川英夫的計畫有點不切實際，卻足以激發年輕研究者的熱情。一九五四年，糸川英夫邀集了航空工學、電子工學和飛行力學等領域的研究者，正式開始火箭的研發工作。隔年，他進行了數次「鉛筆火箭」的水平試射實驗，雖然鉛筆火箭非常迷你，長度只有二十三公分，卻是日本在二戰結束後首次進行的火箭實驗，為日本的太空開發史跨出第一步。

●這個天才的名言佳句●

如果有想要做的事，就一定要堅持下去。

糸川英夫認為不管夢想是什麼，唯有堅持下去才有可能實現。正是這樣的精神，推動他持續進行火箭研發。

趣味知識　突飛猛進的太空火箭技術

由糸川英夫起了頭的火箭研發行動，從此開始快速發展，技術被廣泛運用在發射人造衛星和行星探索等領域中。

第2章 魅力領袖

這一章介紹的是帶領大型企業或組織、幫助它們邁向成功的領袖，一個人的能力有限，然而這些人不僅建立了組織或企業，更對整個社會帶來莫大的影響。我們來看看引領群眾的魅力領袖有什麼習慣。

- 湯瑪斯・愛迪生 Thomas Edison（發明家）
- 尼古拉・特斯拉 Nikola Tesla（發明家）
- 亨利・福特 Henry Ford（企業家）
- 哈蘭德・桑德斯 Harland Sanders（企業家）
- 史蒂夫・賈伯斯 Steven Jobs（企業家）
- 比爾・蓋茲 Bill Gates（企業家）
- 傑夫・貝佐斯 Jeff Bezos（企業家）
- 賴利・佩吉 Larry Page（企業家）
- 馬克・祖克柏 Mark Zuckerberg（企業家）
- 傑克・多西 Jack Dorsey（企業家）
- 菲爾・奈特 Philip Knight（企業家）
- 伊隆・馬斯克 Elon Musk（企業家）
- 華倫・巴菲特 Warren Buffett（投資家）
- 拿破崙 Napoleon Bonaparte（軍人、皇帝）
- 勝海舟（政治家）
- 澀澤榮一（企業家）
- 土光敏夫（企業家）
- 松下幸之助（企業家）
- 二宮尊德（思想家）
- 德川家康（江戶幕府初代將軍）

湯瑪斯・愛迪生

生卒年：西元1847～1931年　　出生地：美國　　職業：發明家

這個天才的習慣

不論走到哪都帶著筆記本

知名度　　　　厲害度　　　　想模仿度
★★★★★　★★★★☆　★★★★☆

習慣法則
把感興趣的事情全部寫下來

有「世界發明大王」稱號的愛迪生，不論走到哪裡，身上都帶著筆記用具，遇到任何感興趣的事情，就記錄下來。據說他寫筆記的內容五花八門，包含生活中的各種瑣事，並不見得與發明有關。而且他有定期回顧筆記的習慣，每當看筆記時想到什麼，又會記錄下來。他能夠發明那麼多東西，靠的正是在日常生活中累積點子的習慣。

超級喜歡追問「為什麼」

拚命寫、不斷寫，把注意到的事全部寫下來！

小時候的愛迪生非常喜歡問「為什麼」，簡直把這句話當成口頭禪。上學之後，他不斷追問老師「為什麼1加1等於2」，幾個月後就被學校退學了，理由是妨礙老師上課。從此之後，愛迪生的母親便是肩負起教育他的責任，她是一個非常有耐心的人，總是認真回答愛迪生提出的每一個問題，從來不曾放棄他。愛迪生不斷發明新東西，真正的目的就是為了解開心中的疑惑。愛迪生長大後曾說「如果沒有母親，我不可能成為發明家」，由此可知，偉大的母愛是促使他成功的原因之一。

做研究時的穿著也很有個人風格

愛迪生相當講究研究時穿著的工作服，不能太緊，也不能太鬆，累了可以立刻躺下來休息。畢竟他是一個一旦開始做研究就會廢寢忘食的人，這理由確實很符合他的風格。當然他有時得出席一些正式場合，和政治家聚餐，這時他還是會穿得西裝筆挺，但是一回到家，他馬上就會把西裝脫掉。他曾經說過：「這種拘謹的服裝是我最大的敵人！」

● 這個天才的名言佳句 ●

我從來不曾失敗，只是發現了一萬種行不通的方法。

一個偉大發明的背後，必有數不清的失敗。但是在愛迪生的眼裡，那些失敗都不是失敗，只是「行不通的方法」。正因為有這些行不通的經驗，最後才能找到成功的方法。

趣味知識　釣魚的時候不使用魚餌

每當研究遇上瓶頸，愛迪生就會到住處附近的海邊去釣魚，但他從來不使用魚餌，釣魚的目的只是為了讓大腦休息。

尼古拉·特斯拉

生卒年：西元1856～1943年　　出生地：克羅埃西亞　　職業：發明家

這個天才的習慣

在心中計算完所有餐點的體積之後才用餐

知名度　　　　厲害度　　　　想模仿度

★★★★★　★★★★★　★★☆☆☆

習慣法則

享受美食的古怪習慣

特斯拉不僅是著名的天才，同時也是出名的怪人，特斯拉有個相當奇怪的習慣，用餐之前會先在心中計算所有餐點的體積。據說這並沒有什麼特別的意義，但他如果不這樣做，就沒有辦法專心享受美食。光從這個習慣，就可以看出他有多麼古怪。

發明低成本的交流電

特斯拉曾經針對提供電力的方式，與發明大王愛迪生進行過非常激烈的競爭。在那個年代，美國人所使用的電力仰賴的是愛迪生所發明的直流電；後來特斯拉發明交流電，成本遠

比直流電更加低廉，於是便向愛迪生提議，應該把所有的供電系統都轉換成交流電，但愛迪生不採納，特斯拉也不退讓，兩人大吵一架。

交流電肯定比較好！

陷入僵局的「電流戰爭」

特斯拉在贊助者的幫助之下，持續改良交流電的電力供應系統，並對外公布研發成果，交流電系統開始受到關注。

愛迪生一急，竟然使用抹黑戰術，對外聲稱「交流電系統非常危險」，而特斯拉為了證

明交流電的優勢，鋌而走險，故意讓一百萬伏特的交流電通過自己的身體，藉此證明交流電的安全性。兩人的競爭陷入僵局，持續長達數年，被後人稱為「電流戰爭」。

趣味知識 **「電流戰爭」的獲勝者**

特斯拉和愛迪生在「電流戰爭」初期勢均力敵，但最後是特斯拉獲得勝利。當時包含芝加哥世界博覽會和尼加拉大瀑布的發電裝置在內，許多重要單位都採用交流電系統，直到今天，供電系統依然是以交流電為主流。

趣味知識 **成為世界最大電動車廠牌之名**

美國電動車廠牌「特斯拉」，如今已是世界級的大型企業，他們特別以「特斯拉」這個名稱來紀念尼古拉・特斯拉，可見他對於世人的貢獻直到今日依然受到讚揚，現代企業經營者之中也有不少人相當崇拜他。

亨利·福特

生卒年：西元1863～1947年　　出生地：美國　　職業：企業家

這個天才的習慣

只吃自己種的蔬菜

知名度　　　　厲害度　　　　想模仿度
★★★★★　　★★★★★　　★★★★★

習慣法則

對飲食有所堅持

美國企業家福特對於飲食有一個非常奇怪的想法，他的說法是：「只有汽油才能讓汽車獲得動力；同樣的道理，要讓自己的身體獲得動力，一定要吃自己製造出來的食物，絕對不能吃來路不明的東西。」

我振興了美國的汽車產業！

大量販賣廉價的汽車

在福特生活的時代裡，汽車是極少數富人才買得起的奢侈品，於是他大量生產高品質但價格低廉的汽車，讓一般民眾也買得起，促進了汽車的普及。

福特賣的汽車有多便宜呢？當時以富人為主要客戶的手工製造汽車，平均售價約在三千至四千美元之間，福特的汽車卻只賣八百二十五美元，便宜到令人難以置信，所以賣得非常好，成為美國汽車市場的主流廠牌，當時還流傳著「只要是美國人，一定開過福特的汽車」這種說法，福特甚至被冠上「汽車大王」的美稱。

獲得愛迪生的建議，確信自己一定能成功

福特的成功，其實與發明大王愛迪生有一點關係。當時福特雖然在製造汽油引擎汽車，但他的心中一直有著迷惘，認為「改用電力馬達或許比較好」。愛迪生聽到福特的疑問，斬釘截鐵的回答：「不，一定是汽油引擎比較好啊！」於是，福特全心全意投入汽油引擎汽車的研發工作，最後果然非常成功。

● 這個天才的名言佳句 ●

除了自己的立場之外，還要能站在他人的立場思考事情。

這句話就是福特成功的祕訣。身為企業經營者，必定會有很多聆聽他人心聲的機會，想要統御和管理員工，這樣的能力是不可或缺的條件。

趣味知識　薪水加倍，為員工打氣！

福特認為只要購買能力提升，商品就能賣得更好，企業會更加賺錢，經濟也會變得更景氣，所以他曾經將所有員工的薪水提升至兩倍，讓所有人都大吃一驚。

哈蘭德·桑德斯

生卒年：西元1890～1980年　出生地：美國　職業：企業家

這個天才的習慣

就算沒錢 也要持續捐獻

知名度　　　厲害度　　　想模仿度
★★★★☆　★★★★☆　★★★★☆

習慣法則

為他人著想是成功的不二法門

桑德斯是大家相當熟悉的肯德基炸雞連鎖店（KFC）的創立者。早在事業成功之前，他就習慣將一部分的工作收入捐給教會，因為他深信「能夠為他人著想，才能獲得最大的利益」。他一直秉持這樣的信念經營企業，最後終於獲得成功。

六十五歲時還非常貧窮

桑德斯的父親在他六歲時過世，他為了負擔家計，十歲就開始工作，做過農場工人、油漆工人、軍人和站務人員等各式各樣的職業。三十歲之後，他開始經營一間加油站；四十歲時，他將加油站的倉庫改建成一間小小的咖啡廳，這是他第一次經營餐飲業。後來，咖啡廳轉型為餐廳，店內最熱門的餐點是炸雞。結果高速公路開通之後，客人銳減，桑德斯逼不得已，只好將餐廳轉讓給別人，此時他已經六十五歲了。

下定決心開創新事業

六十五歲已經可以退休了，桑德斯卻在此時開創了新事業。他以受歡迎的炸雞為賣點，建立加盟制度，加盟店可以得知炸雞的製作方式，但只要賣出一塊炸雞，就必須上繳五分美元。

桑德斯載著自製的香料跑遍全美國，詢問每一家餐廳是否願意加盟，在他的努力之下，炸雞事業快速壯大，如今已成為世界知名連鎖品牌。

> 捐獻不是為了別人，而是為了自己。

● 這個天才的名言佳句 ●

**人生就像一條上坡路，
一旦停止奔跑，
就會滾下斜坡。**

桑德斯六十五歲創業，七十四歲交出事業的經營權，但他還是以企業親善大使的身分持續工作，直到九十歲過世為止。正如他所說的，自己是個從來不曾停止奔跑的人。

趣味知識　**對日本的肯德基情有獨鍾？**

在桑德斯擔任企業親善大使期間，曾經造訪日本三次，還曾親口表示所有的加盟店之中，他最喜歡日本的肯德基。

史蒂夫·賈伯斯

生卒年：西元1955～2011年　出生地：美國　職業：企業家

這個天才的習慣

每天問自己：「如果今天是人生的最後一天，你會怎麼做？」

知名度　　　厲害度　　　想模仿度
★★★★★　★★★★★　★★★★★

習慣法則
每天早上都做這件事

賈伯斯從十七歲開始，每天早上都會看著鏡子問自己：「如果今天是人生的最後一天，你會怎麼做？你現在做的事，是你真正想做的事嗎？」如果連續好幾天的答案都是「NO」，就表示自己必須徹底改變。我們應該效法他，把每一天都當成人生的最後一天，不要留下遺憾。

唯有崇高的理想，
才能實現
至高的心願。

被驅逐的公司創立者

賈伯斯是蘋果公司的共同創立者之一，更是讓智慧型手機普及全世界的最大功臣，他被世人稱為最成功的企業領袖，他的成功故事宛如漫畫情節般精采！故事得從賈伯斯的個性說起，他雖然是企業的創立者，卻有個性孤僻、

理想太高等缺點，導致他在企業內樹立太多敵人，最後遭蘋果公司驅逐。然而就在賈伯斯離開後，蘋果公司的業績便迅速衰退，幾乎快要倒閉。萬念俱灰的公司高層將賈伯斯當成最後希望，決定將他召回，把經營權還給他。由此可知，賈伯斯的個性雖然不太好相處，但所有人都認同他的才能。

讓嚴重虧損的公司東山再起

賈伯斯重新獲得經營權之後，持續推出各種劃時代的新商品，經營狀況也從虧損迅速轉為獲利，蘋果公司以飛快的速度成長，成為世界上數一數二的大型企業。

賈伯斯重獲經營權的二十年之後，蘋果公司的股價上漲一百倍，對蘋果公司來說，賈伯斯是名副其實的救星，他那有如傳奇般的經營手腕，如今依然為人津津樂道。

●這個天才的名言佳句●

如果你已經實現了一個夢想，應該立刻尋找下一個！

即使商品大賣，賈伯斯還是不斷想出新商品的點子，主要的理由在於他總是積極挑戰新事物，絕對不會滿足於一、兩次的成功。如此貪婪的心態，正是讓公司持續成長的祕訣。

趣味知識　為了彰顯拯救公司的決心，薪水只拿一美元

在蘋果公司嚴重虧損的時候，賈伯斯為了表現創建公司的決心，故意只拿一美元作為自己的薪水。消息傳開之後，員工們都士氣大振。

比爾·蓋茲

生年：西元1955年～　　出生地：美國　　職業：企業家

這個天才的習慣

每天一定花時間看書

知名度
★★★★★

厲害度
★★★★★

想模仿度
★★★★☆

習慣
法則

睡前看書可以
降低壓力

比爾·蓋茲的習慣是不管再怎麼忙，每天一定花時間看書。

他所閱讀的書籍五花八門，從商業管理書籍到小說都是他涉獵的範圍，也經常在自己的部落格上推薦自己讀的書。閱讀書籍除了能夠提升學識涵養，還具有放鬆精神的效果，建議大家養成每天看書的好習慣。

讓電腦普及至全世界

比爾・蓋茲是全世界最大的軟體公司「微軟」的創立者之一，他最大的貢獻就是研發了「Windows」這個作業系統。

所謂的作業系統，就是讓使用者能夠自由操控電腦的基礎介面系統，並且在電腦上運用其他軟體。

自從有 Windows 作業系統之後，世界上擁有電腦的家庭快速增加，我們不得不承認，是比爾・蓋茲讓電腦變成有如電視機、電冰箱一般的家用電器，讓電腦普及化，拓展到全世界。

我讓電腦變成任何人都可以輕易操作的機器！

超級有錢的世界第一富豪

就這樣，比爾・蓋茲靠著「微軟」事業的成功，一躍成為超級有錢人。根據美國雜誌所發表的世界富豪排名，他從一九九四年開始，連續十三年蟬聯第一名的寶座，到了二○二一年時，總資產約有三兆臺幣！他同時也積極參與慈善活動，贊助非常多的慈善團體和科學研究計畫。他曾經發誓，至少要將資產的一半投入於慈善事業。

● 這個天才的名言佳句 ●

太空？我們在地球上還有很多事情要做！

近年來全世界的富豪之間掀起一股太空旅行的風潮，比爾・蓋茲在接受訪問的時候，做出了上述的批評。他還説：「我的夢想不是太空旅行，而是讓瘧疾和愛滋病從世界上消失。」

趣味知識　**史蒂夫・賈伯斯的競爭對手**

賈伯斯所創立的蘋果公司，是微軟公司的一大勁敵，因此蓋茲和賈伯斯之間有著明顯的競爭意識。

傑夫・貝佐斯

生年：西元1964年～　出生地：美國　職業：企業家

這個天才的習慣

再忙也要保留充足的睡眠時間

知名度　　　　厲害度　　　　想模仿度
★★★★★　　★★★★★　　★★★★★

習慣法則

一切睡飽再說！

亞馬遜公司的決策者傑夫・貝佐斯，每天過得非常忙碌，但他還是擁有平均八小時的睡眠時間。他認為充足的睡眠是讓工作更有效率的一大重點，所以每天早上都不設鬧鐘，讓自己自然醒來。他認為，強忍著睡意工作，效率一定會很差，不如好好睡一覺，養足精神，才能夠更有效運用時間。

把握時代的潮流

一九九〇年代快速的崛起，馬上就猜到「未來是上網購物的時代」。為了趕上這股時代的潮流，他毅然決然辭去工作，並且在一九九五年開設亞馬遜網站，果然如同他的預期，公司業績快速成長，最後成為世界級的大企業。他能獲得如此傲人的成就，仰賴的正是看準時代潮流的犀利目光。

亞馬遜公司如今已是世界上最大的電商企業，網站上販賣的商品琳瑯滿目，從書本、音樂、家電到服飾，幾乎什麼都能買到。如此方便的網站，就是由貝佐斯一手打造。貝佐斯原本在金融業界工作，但他親眼目睹網路服務在

時代的潮流
就掌握在
我的手中！

分析民眾想要的是什麼？

亞馬遜公司如此成功的另一個理由，在於精準分析「消費者的購物慾望」。剛開始的時候，亞馬遜販賣的是書

本，並且涵蓋商業、思想、教育、歷史等各種類別，正適合用來分析消費者的喜好和興趣。亞馬遜公司正是靠著這種分析的經驗，逐漸將書本以外的商品加入網站之中，獲利也跟著水漲船高。

● 這個天才的名言佳句 ●

**更多的選擇，
更便宜的價格，
更快的配送速度。**

以上三點就是貝佐斯的經營哲學，他強調「不管任何時代，這都是客戶的核心需求」。亞馬遜的服務，確實完美實踐了這三點。

趣味知識　**下一個時代的商機是「太空」？**

貝佐斯在2000年創立了一家以實現載人太空飛行為目標的公司，希望未來所有的民眾都能夠更安全且輕鬆的參加太空旅行。

賴利·佩吉

生年：西元1973年～　　出生地：美國　　職業：企業家

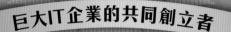

這個天才的習慣

將工作時間的 20% 分配給感興趣的研究

知名度　　　　　厲害度　　　　　想模仿度
★★★★★　　　★★★★★　　　★★★★★

習慣
法則

空出時間做本業以外的事情

賴利·佩吉是世界知名搜尋引擎Google的共同創立者之一。

他在公司內訂下了一個相當奇特的規則：員工可以把工作時間的20％花在研究「與自己的工作無關」的事情上。雖然這些研究不見得能馬上看見成果，但設定期限讓員工進行自由研究的做法，必定有助於找出未來的新商機。

兩個天才的命運邂逅

賴利・佩吉的父母都在密西根州立大學擔任電腦科學的教授，家中有非常多關於電腦和科學的雜誌，佩吉從小讀這些雜誌長大，六歲的時候開始接觸電腦，而且深深愛上了電腦，

進入大學後便選擇研究電腦相關領域。

他在就讀史丹佛大學的博士課程時，遇上了就讀相同課程的謝爾蓋・布林，或許是因為兩人都是天才的關係，聊起天來一拍即合，不僅共同撰寫論文，而且還共同創立了Google公司，可以說是一場命運的邂逅！

一定要有時間做自己喜歡的研究！

設計出劃時代的搜尋引擎系統

Google在全世界一舉成名，靠的是前所未有的搜尋引擎。這套搜尋引擎系統推翻了過去「同一頁面中出現關鍵字的次數越多越重要」

的基本原則，改以「反向連結（來自其他網站的連結）越多越重要」為基本原則，一問世就大受歡迎。

後來，Google又將服務擴大至圖像搜尋、電子郵件和地圖，成為一家跨國性的巨大IT企業。

●這個天才的名言佳句●

幹大事比做小事容易多了！

佩吉認為做大事比較容易得到他人的幫助和必要的資源，他自己就是最好的例子，靠著推動Google搜尋引擎，改變了全世界所有民眾的生活。

趣味知識　Google 這個名字其實是拼錯了？

他們原本想取的名稱是「googol」，意思是「10的100次方」，但是在提出申請時不小心拼錯了，結果就變成了「google」。

馬克·祖克柏

生年：西元1984年～　　出生地：美國　　職業：企業家

這個天才的習慣

每天早上八點起床，穿著同一件T恤

知名度　　　　　厲害度　　　　　想模仿度
★★★★★　　★★★★☆　　★★★☆☆

習慣法則
盡量減少生活中必須做出的判斷

　　馬克·祖克柏是臉書的共同創立者之一，他的習慣是每天早上固定八點起床，而且穿相同的T恤。這麼做的用意，是為了省去「挑選衣服的時間」。他認為生活中應該盡量減少這類「對公司的運作沒有幫助的判斷」。正因為公司裡等著他做出判斷的事情實在太多，所以他將日常生活中的瑣事全部事先決定好，以避免時間上的浪費。

68

原本是女學生美貌排名程式？

祖克柏從小就擅長寫程式，曾經寫過適合孩童遊玩的電腦遊戲程式，也曾經為當牙醫的父親寫過業務輔助工具程式。

念大學的時候，祖克柏因為被女朋友拋棄了，一氣之下寫了一個為女學生設定美貌排名的程式。由於他在這個程式裡擅自使用很多女學生的照片，引來女學生們的抗議，在校園裡掀起軒然大波。但祖克柏並沒有就此氣餒，反而持續改良這個程式，這就是臉書的前身。

目的是想讓全世界的人大吃一驚

臉書開始竄紅時，許多企業都曾向祖克柏表達希望收購臉書的意願，但他都以「我做這個不是想要賺錢」為理由拒絕了。

他最大的心願，是讓臉書擁有大量的使用者，將全世界的每個人串聯起來，並且靠這個程式讓全世界的人都大吃一驚。

煩惱要穿什麼衣服實在是太浪費時間了！

● 這個天才的名言佳句 ●

「完成」比「完美」更重要！

大多數的人在製作某樣東西的時候，往往會因為初期過度追求品質而變得虎頭蛇尾，最後半途而廢。其實「完成」比「完美」更重要，就算多少有些缺陷，還是應該先以完成為目標。

趣味知識　以祖克柏創業事蹟為題材的電影

2010年上映的美國電影《社群網戰》，描寫的正是祖克柏開設臉書的過程，票房成績非常亮眼。

傑克・多西

生年：西元1976年～　出生地：美國　職業：企業家

這個天才的習慣

一天只吃一餐

知名度　　　　厲害度　　　　想模仿度
★★★★★★　★★★★★★　★★★★★★

習慣法則

減少食物的攝取，
能夠提升專注力？

傑克・多西最有名的習慣，
是一天只吃一餐。他聲稱這樣可
以「提升專注力和工作效率」，
有時週末還會故意絕食，完全不
吃東西。但他也承認這樣的做法
有時會讓他看見幻覺，而且很可
能會導致營養不良，好孩子千萬
不要隨便模仿。

你現在
在做什麼？

擅長寫程式的龐克少年

傑克·多西從小就喜歡電腦，尤其熱衷於寫程式，十四歲的時候就為計程車公司寫了一個配車程式。而他也是一個龐克搖滾樂的愛好者，不僅將頭髮染成藍色，身上刺了刺青，還穿了鼻環。或許是受了龐克搖滾樂的影響，他十九歲的時候就放棄大學學業。後來他與朋友合夥開了一家公司，專門提供從前所寫的計程車配車程式，但不久之後就與共同創業的朋友發生爭執，決定獨自離開公司。

提出Twitter的點子

多西過了一段沒有正式工作的日子，直到二十九歲才又擔任程式設計師。有一次，有人問多西：「有沒有什麼新服務的好點子？」多西回答：「如果有個軟體能夠讓大家說出自己在做什麼，例如『我現在在在公園裡』，應該很有意思。」這個點子在公司裡獲得好評，這就是Twitter的基本概念。Twitter二〇〇六年正式問世，受到廣泛使用。

● 這個天才的名言佳句 ●

**有點子卻不付諸行動，
等於沒有點子。**

就算有再好的點子，如果只是深埋在心裡，那可一點用處也沒有！應該要思考「怎麼做才能實現這個點子」，並且實際採取行動。

趣味知識　**第一個留言者是多西本人**

多西是Twitter的第一個留言者，他留言的內容是「just setting up my twttr」，「twttr」就是初期使用的名稱。

菲爾·奈特

生年：西元1938年～　出生地：美國　職業：企業家

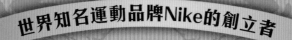

這個天才的習慣

每天慢跑十公里

知名度	厲害度	想模仿度
★★★★★	★★★★☆	★★★★★

習慣法則

就是喜歡跑步！

奈特在學生時代是田徑隊的選手，養成了每天跑步的習慣。即使成年之後，這個習慣也沒有改變，一方面是為了身體健康，另一方面也是因為他真的很喜歡跑步。他在自己的著作中寫道：「我相信跑步擁有一種力量。只要每個人每天都跑數英里，這個世界一定會變得更好。」這可說是奈特的畢生理念。

靠「打腫臉充胖子」獲得代理權

奈特是世界知名運動品牌Nike的創立者，他在大學時代寫過一篇論文評論日本的製鞋企業，而產生「如果能夠把日本的運動鞋拿到美國販賣應該能賺大錢」的想法。畢業後，奈特前往日本，拜訪鬼塚公司（現在的ASICS），

聲稱自己是「藍帶體育用品公司」所派的業務代表，希望能夠取得獨家代理權，在美國販賣鬼塚公司的虎牌運動鞋（Onitsuka Tiger）。

事實上根本沒有「藍帶體育用品公司」，完全是奈特隨口杜撰，沒想到這一招竟真的奏效，奈特於是決定自行研發

我一定要製造出最棒的運動鞋！

事業不順遂，催生了Nike

回到美國之後，奈特真的開設了一家「藍帶體育用品公司」，販賣虎牌運動鞋。然而公司的獲利並不如預期，奈特將日本的運動鞋拿到美國販賣應該能賺大錢」這可說是Nike誕生的第一步。

運動鞋。一九七一年，第一款自行研發的運動鞋誕生，上頭已有象徵Nike標誌的鉤狀圖像，奈特將這雙鞋子命名為Nike運動鞋，同時也把公司名稱變更為Nike。Nike的市場占有率越來越高，終於成長為世界級的巨大企業。

●這個天才的名言佳句●

**一定要相信自己，
並且貫徹信念。**

我們很容易被多數人的意見牽著鼻子走，或是過度在意周圍其他人的目光。此時只要想一想奈特這句話，就能獲得莫大的勇氣。我們也應該仿效奈特，在生活中貫徹自己的信念。

趣味知識　「Nike」這個名稱是怎麼來的？

之所以命名為「Nike」，是因為經典的鉤狀圖像看起來有點像希臘神話中的勝利女神「Nike」張開翅膀的模樣。

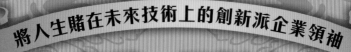

伊隆・馬斯克

生年：西元1971年～　　出生地：南非共和國　　職業：企業家

這個天才的習慣

行程的安排 以五分鐘為單位

知名度　★★★★★

厲害度　★★★★★

想模仿度　★★★★★

習慣法則
減少時間上的浪費

馬斯克是有名的工作狂，他每個星期的工作時間超過一百個小時。為了提升工作的高效率，據說他是以五分鐘為單位來規畫一整天的行程，而且完全按表操課。他說只要這麼做，五分鐘後（或是十分鐘、十五分鐘後）永遠有下一個行程在等著自己，他就會專注在工作上，不會分心或偷懶。這種提升效率的做法真的很值得我們參考！

太完美了！

下午三點的行程
00～05　寫信給A
05～10　寫信給B
10～15　寫信給C
15～20　寫信給D
20～25　開會
25～30　寫信給E
30～35
35～40　視訊會議
40～45
45～50　午餐
50～55　休息
55～00　寫信給F

74

比任何人都更早看見電動車的發展性

牌「特斯拉」。馬斯克在二○○四年投資特斯拉的時候，大多人都認為電動車不可能普及；然而到了二○二○年，世界各國開始全力推動「減碳政策」，電動車瞬間成為矚目的焦點。特斯拉業績迅速竄升，一舉成為電動車產業的龍頭企業，證明馬斯克當初的投資是正確的決定。

根據富比士雜誌在二○一九年發表的「美國的創新派企業領袖排行」，馬斯克與亞馬遜公司CEO並列第一。馬斯克被認為是創新派企業領袖，主要是因為他大膽挑戰其他人認為不可能成功的事業，最好的例子就是電動車品

未來將是電動車的時代！

每個人都能夠上太空的時代即將來臨？

馬斯克還有另外一項創新的挑戰，那就是SpaceX公司。這家公司專門製造和研發太空上的輸送用火箭，最終的目標是讓一般民眾也

能體驗太空旅行。雖然目前聽起來還是遙不可及的夢想，但畢竟推動者是最早看出電動車發展性的馬斯克，或許真如他的預期，太空旅行在十年、二十年之後將不再是夢想，讓人們對SpaceX公司有非常大的期待。

●這個天才的名言佳句●

別人每個星期工作五十個小時，那我就工作一百個小時。

全世界大力推動勞動改革，盡可能降低勞工的工作時數，馬斯克卻反其道而行，將長時間工作當作一種優勢。或許正因為他有這樣的熱情，才能夠創造出足以改變世界的產品和服務。

趣味知識　靠股票賺大錢

特斯拉的股價2010年時只有五美元左右，但是到了2021年竟然一度超過一千美元。光是股票，就讓馬斯克賺了非常多的錢！

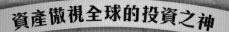

華倫・巴菲特

生年：西元1930年～　出生地：美國　職業：投資客

這個天才的習慣

拒絕一切對自己來說不重要的事情

知名度	厲害度	想模仿度
★★★★★	★★★★★	★★★★★

習慣法則

化繁為簡

華倫・巴菲特是資產傲視全球的超級投資客，很多人都以為他應該相當忙碌，但聽說他的行程表其實空空蕩蕩，要做的事情不多，祕訣就在於他擅長評估每一件事情的重要性，只做他認為重要的事情。他會拒絕所有不重要的事情，並且拋棄不重要的東西，就連每一天的行程安排也不例外。

擁有拒絕的勇氣！

所謂的投資客，指的是買賣股票之類的金融商品並從中獲取利益的工作。在全世界眾多的投資客之中，巴菲特可說是最成功的一個，他的資產多達數百億美元，三十多年來一直在美國經濟雜誌所公布的教訓。

「世界富豪排行榜」上名列前茅。

巴菲特十一歲就開始買賣股票，當時他以每股三十八美元的價格買了三股，漲到四十美元時立刻賣出，小賺了一筆；結果那檔股票的股價持續上漲，數年後竟然漲到二百美元，這個經驗讓他學到「投資絕對不能短視近利」的

巴菲特投資的基本原則，就是「以適當的價格，購買五年、十年或二十年後獲利比現在高的企業的股票」。大多數的投資客往往沒有

耐心，眼光只放在一天或一週內的短期股價變動，忙著買進和賣出；但巴菲特主張想要真正獲得龐大的利益，就必須把眼光放大至五年以上。而要做到這一點，必須擁有能夠預見未來變化的知識、資訊和分析能力。

● 這個天才的名言佳句 ●

沒有必要做的事情，做得好也沒有意義！

這句話確實很符合巴菲特「拒絕一切沒有必要的工作」的風格，例如公司的會議，明明知道討論不出有意義的結果，大多數人還是會選擇參加。巴菲特這句話告訴我們，有時我們必須思考什麼才是真正有價值的東西。

趣味知識　記住所有重要的資訊

巴菲特從小就擁有過人的記憶力，能夠記住所有重要的資訊。他認為正是這個習慣造就了他的成功。

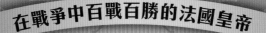
拿破崙

生卒年：西元1769～1821年　　出生地：法國　　職業：軍人、皇帝

這個天才的習慣

每天看書

知名度　　　　　厲害度　　　　　想模仿度

★★★★★　　★★★★☆　　★★★☆☆

習慣法則

戰爭的輸贏，取決於知識量的差距？

在法國大革命之後的混亂局勢下加入了軍隊，在無數次的戰爭中擊敗敵人，最後當上了皇帝——這個人就是拿破崙。有人說他能夠在戰場上百戰百勝，正是因為藉由讀書獲得龐大的知識。

拿破崙確實是個超級書蟲，不僅在家裡的時候每天看書，就連上戰場打仗的時候，他也會安排一輛馬車，專門載運他的書本。

據說他只有短短四個星期，卻帶了超過一千本書，真是令人難以想像。

78

不論處境再惡劣，我還是會看書！

從軍人變皇帝，人生高潮迭起

拿破崙出生於地中海的科西嘉島，少年時期就進入了巴黎的陸軍士官學校，畢業後成為一名軍人。他在軍隊中發揮過人的才能，在戰場上運用各種戰術，屢屢帶領同袍獲得勝利。

因為這樣的表現，他在軍隊中快速晉升，很快就成為將軍，後來更當上皇帝，受到法國民眾的愛戴。然而，他春風得意的日子只到這裡而已，不久之後，法國遭其他國家攻打，拿破崙在戰爭中敗北，馬上就被拉下皇帝的寶座，甚至還遭到流放。他最後被流放到南大西洋上的聖赫倫那島，在那裡度過餘生。

每天睡三小時的傳聞不是真的？

說起拿破崙，大多數人想到的應該都是「他每天只睡三小時」，其實這並非事實。根據紀錄，他每天的睡眠時間約七小時左右。

據說他總是告訴屬下，如果他在睡覺的時候，接到最新的消息，好消息不必立刻通報，但壞消息必須立刻將他叫醒。因為，好消息晚一點聽也不會有什麼問題，但壞消息必須立刻採取因應對策。

● 這個天才的名言佳句 ●

凡事應該深思熟慮，但如果時機成熟，就別再想了，去做就對了！

據說拿破崙構思戰術時，會參考各種知識和資訊，一方面主張思考的重要性，一方面也強調行動時不能有所遲疑。唯有在時機和行動上取得平衡，才能在戰場上克敵制勝。

趣味知識　**拿破崙都讀什麼書？**

拿破崙主要閱讀的是鄰近國家的史書、古今各國介紹戰略和戰術的著作，以及氣象學、君主論等主題的書籍，大概都與軍事或多或少有些關係。

勝海舟

生卒年：西元1823～1899年　　出生地：日本　　職業：政治家

這個天才的習慣

一邊閒聊，一邊寫文章

知名度　　　　　厲害度　　　　　想模仿度
★★★★★　★★★★★　★★★★☆

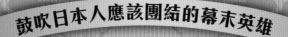

習慣法則

同時做兩件事來鍛鍊大腦

勝海舟有一個相當古怪的習慣，那就是他喜歡一邊寫文章，一邊與人閒聊。他似乎認為這是一種「鍛鍊大腦」的方式，藉由同時做「寫文章」和「閒聊」這兩件完全不相關的事情，來訓練大腦的靈活性。基本上不建議小朋友這樣做，因為假如一邊「寫作業」，一邊「閒聊」，很可能會寫錯。假如真的要模仿，那就改成一邊「踏步」，一邊「背九九乘法」吧！

我真的很不喜歡狗

對了，你知道龍馬最近在哪裡？

最近變得好冷

我家隔壁的鄰居生了小孩

比其他人更快學得外國知識

勝海舟是日本幕末至明治時期的人物，他很注意外國的動向，曾在江戶開設蘭學塾（教導西洋知識的學校）。

一八五三年，美國艦隊闖入江戶灣的事件爆發後，勝海舟向幕府提出一份「海防意見書」，裡頭建議幕府盡快建造軍艦，並且應不分身分貴賤的延攬人才。這份意見書獲得幕府認同，任命勝海舟負責海防事務。後來勝海舟加入幕府使節團，搭船前往美國，在美國目睹先進的產業和現代化的街道，深刻感受到日本一定要學習西洋技術才行。回江戶城後，他被任命為海軍的負責人，肩負培育年輕人、為日本開創未來的重大職責。

現在不是日本人打日本人的時候！

說服西鄉隆盛停止攻擊江戶城

一八六七年，幕府宣布「大政奉還」，將政權歸還天皇，但是新政府的軍隊依然持續向江戶城推進，堅持要以武力推翻幕府。勝海舟前往會見新政府軍，強烈建議要停止攻擊江戶城，以避免自相殘殺。他認為日本人唯有團結一心，才能夠抵抗西洋的入侵。勝海舟的熱忱中止了江戶城的攻擊行動，阻止了一場無謂的戰爭。

● 這個天才的名言佳句 ●

自己的價值應該由自己決定，不管再怎麼痛苦、窮困，也不能阻斷自己的活路。

勝海舟小時候過著相當貧窮的生活，但他還是努力求學，長大後成為幕末時期的重要角色。他想表達的是：只有努力能夠決定自己的價值，而不是家世或金錢。

趣味知識　**對坂本龍馬的影響也相當深遠**

勝海舟有許多學生，坂本龍馬也是其中之一。勝海舟對坂本龍馬的影響相當深遠，坂本龍馬在歷史上的成就，勝海舟功不可沒。

澀澤榮一

生卒年：西元1840～1931年　　出生地：日本　　職業：企業家

這個天才的習慣

不滿足於現狀

知名度　　　　厲害度　　　　想模仿度

★★★★★☆　★★★★★☆　★★★★★☆

習慣法則　退　一旦滿足就會開始衰

有「日本資本主義之父」美稱的澀澤榮一，曾說過：「不管什麼事情，一旦滿足了，就會開始衰退。」如果心裡抱著「這樣就可以了」的想法，絕對沒有辦法更上一層樓。例如考試時，就算考了九十分，也要繼續努力，朝一百分邁進。唯有持續努力，才會有所成長。

82

參與創立超過 五百家企業

澀澤榮一是活躍於日本明治時期至大正時期的企業家，日本預定在二〇二四年發行的新版紙鈔，一萬圓鈔票上的人物就是澀澤榮一。他一生中曾經參與創立超過五百家企業，並且對六百個教育組織和社會公共事業提供協助，更是政府與民眾之間的重要溝通橋梁，現在的日本銀行、東京證券交易所、東京瓦斯、ＪＲ東日本鐵路、川崎重工業、東京電力等大型企業的創立，都與澀澤榮一有關，可以說是一手打下了日本現代經濟的基礎，所以被稱為「日本資本主義之父」。

重要的不是自己的利益，而是整個社會的利益。

以「道德與經濟合一」的理念培育企業經營者

在企業經營上，澀澤榮一的理念是「道德與經濟合一」，意思就是說，企業不該獨占利益，應該還富於民，如此一來整個國家才能變得更加富足。此外他也強調，在做任何事情之前，都應該先思考是否符合正道、是否能為國家和社會帶來利益。這樣的理念由許多企業經營者繼承，一直延續到了現在。

●這個天才的名言佳句●

**不符合正道的財富，
沒有辦法長長久久。**

澀澤榮一經營企業非常講求「正道」，他認為就算靠不正當的方法取得財富，也沒有辦法長久維持，希望現代的企業經營者們引以為鑑。

趣味知識

關東大地震後 也盡全力提供支援

關東大地震發生時，澀澤榮一已經八十三歲了，但他還是站出來呼籲國內和國外的企業家捐款幫助受災戶，對於災害的救助及經濟的復甦都有相當大的貢獻。

土光敏夫

生卒年：西元1896～1988年　　出生地：日本　　職業：企業家

這個天才的習慣

三餐吃得簡單但有營養

知名度　　　　厲害度　　　　想模仿度
★★★★☆　　★★★★☆　　★★★★☆

習慣法則

暱稱是
「烤魚乾土光」

土光敏夫是相當成功的企業經營者，但三餐吃得非常簡單。他最喜歡吃的食物是烤魚乾，曾經有電視節目播出他吃烤魚乾的模樣，從此之後民眾就給他取了一個綽號叫「烤魚乾土光」。此外他還有不浪費食材的優點，曾經強調「白蘿蔔的葉子非常有營養」。

讓東芝轉危為安的拚命型經營者

土光敏夫是日本昭和時期的企業家，生平致力於推動經營的合理化，曾經幫助陷入經營危機的石川島重工業和東芝公司轉危為安。他的工作方針只能用一句話形容，那就是「工作像在拚命」，例如當他

做不到的事！

只要盡全力去做，就沒有

受到委託負責重新整頓東芝公司時，他曾經這樣宣布：「所有員工的工作量都必須是從前的三倍，董事的工作量必須是十倍，而我會比你們更多。」這句話完美表露他的工作理念。而且他並不是一個光說不練的人，他每天從清晨工作到深夜，終於讓陷入經營危機的東芝公司重新振作起來。

● 這個天才的名言佳句 ●

缺乏能力不是問題，
缺乏決心才是問題。

不管做什麼事情，如果稍微不順遂就放棄，認定自己沒有才能，那就什麼也做不了。「做到讓自己滿意為止」的決心比什麼都重要！

鐵腕作風的「行政改革之鬼」

土光敏夫是昭和時期最具代表性的企業領袖，注重決心與毅力。這樣的作風，在現今的時代或許已不合時宜，但那「絕不放棄」的熱忱，確實在動盪不安的時代中發揮強大效果。而他在政治界也發揮了長才，一九八一年時被當時的鈴木首相延攬，大刀闊斧的推動行政改革，因為作風強硬，還被揶揄是「行政改革之鬼」。

趣味知識　綽號非常多

土光除了「行政改革之鬼」，還有「土光渦輪發動機」（因為工作非常認真，幾乎沒有休息）、「怒號敏夫」（因為經常發脾氣）等綽號。

松下幸之助

生卒年：西元1894～1989年　出生地：日本　職業：企業家

這個天才的習慣

每天祈禱自己
保持一顆誠摯的心

知名度　　　　厲害度　　　　想模仿度
★★★★★　　★★★★★　　★★★★★

習慣法則

不受情感或立場蒙蔽的心

松下幸之助一手打造了巨大電機企業「松下電器」，被譽為「經營之神」。他曾說過自己每天都會向神明祈禱，讓自己保持一顆誠摯的心。在他的觀念裡，有沒有「誠摯的心」，正是一個人能否成功的關鍵。他口中所說的「誠摯的心」，指的是依循自然哲理，不受情感或立場蒙蔽的心。他認為每個人都擁有實現和平與幸福的力量，那正是「誠摯的心」的本質。

一切都從發明電燈泡底座開始

松下電器販賣的電器產品非常多，從洗衣機、冷氣機到電視機，每個家庭所必備的家電都應有盡有。這個巨大的企業，正是松下幸之助一手打造。他九歲的時候，因為家裡經商失敗，被迫去當學徒。當時他看見大阪市剛建好

不久的路面電車系統，內心大受感動，立志未來要從事電器相關的工作。十五歲時，他終於實現夢想，進入大阪電燈公司（現在的關西電力公司）工作，研發出一種可以輕易拆裝電燈泡的底座。後來他辭去工作，創立了一家專門生產這種電燈泡底座的公司，那就是松下電器的前身。

大家都叫我「經營之神」！

這個天才的名言佳句

不要賣給客人他們喜歡的商品，應該賣給客人真正有幫助的商品。

大部分的企業都是以賣客人喜歡的商品為目標，但松下幸之助並不以為然。他認為真正重要的是要對客人有幫助，客人才會長久使用，而這必定能為企業帶來未來的利益。

每天改變想法一百次？

松下幸之助的經營哲學中有一條是「一日百轉」，也就是一天改變想法一百次。大部分的人都認為「身為企業領袖不能三心二意」，

然而松下幸之助的觀念截然不同，他主張「早上的決定，到傍晚可能已經過時了，必須隨時改變，才跟得上時代潮流」。每天改變想法一百次當然有點誇大，他想表達的是：企業領袖的想法必須以極快的速度不斷更新。

趣味知識　曾經創辦學校

松下幸之助晚年自掏腰包創設了專門培養政界、財界人才的學校，為培育政治家盡一份心力。不少畢業生後來成為國會議員或地方議會議員，活躍於日本全國各地。

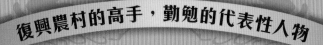

復興農村的高手，勤勉的代表性人物

二宮尊德

生卒年：西元1787～1856年　　出生地：日本　　職業：思想家

這個天才的習慣

過著簡樸的生活，不奢侈浪費

知名度　　　　厲害度　　　　想模仿度
★★★★☆　★★★★★　★★★☆☆

**習慣
法則**

**只吃冷飯配味噌，從
不吃大餐**

二宮尊德是個不喜歡奢侈浪費的人，一生都過著節約簡樸的生活。例如他的三餐都只有一道菜，在外面吃飯時總是在冷飯裡摻一些水，配著味噌吃下。長官給的獎賞，全都會分送給有需要的人。除此之外，他也常借錢給窮人。

88

因為太值得敬佩，全日本到處都有我的銅像。

雖然生活貧苦但非常努力上進

二宮尊德生長在日本江戶時代的農村，因為水災的關係，一家人失去了房屋和農田，再加上父親生病，導致生活極為貧困。為了幫忙家計，他從小就必須去工作，但他有著旺盛的求學心，即使是在工作的時候，手上還是拿著書本。如此認真的讀書使他擁有非常淵博的知識。

他也會趁著工作的空檔撿拾沒有人要的稻苗，種在空地上，收成稻米來貼補家用，每年的獲利越來越多，終於存夠錢買回農田，重建失去的房屋。這種不畏艱難、努力不懈的態度實在太讓人敬佩了！

靠「報德仕法」重建農村

二宮尊德獨力重振家園之後受到注意，後來幕府委託他幫忙復興一個因天災而荒廢的農村，在指導村民的過程中，二宮尊德曾遭遇反抗，但他還是耐著性子對村民曉以大義，最終於成功讓整個村子重新振作起來。他用來推動農村復興的策略，稱作「報德仕法」，後來也被運用在許多村落的復興工作上。

趣味知識　**什麼是「報德仕法」？**

「報德仕法」的策略包含四個原則，分別是「至誠」（保持一顆誠摯的心）、「勤勞」（努力工作）、「守分」（過符合自己身分的生活）和「儲餘」（將沒用完的金錢儲存起來，以備不時之需）。

趣味知識　**全日本被建成銅像次數最多的人物？**

在日本人的心中，二宮尊德是「勤勉」的象徵性人物。由於很適合當作孩子們的模範，所以很多學校都有背負薪柴、手拿書本的少年二宮尊德銅像。

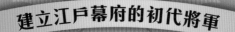

德川家康

生卒年：西元1543～1616年　出生地：日本　職業：江戶幕府初代將軍

這個天才的習慣

三餐飲食
非常注重健康

知名度　　　　　厲害度　　　　　想模仿度
★★★★☆　　★★★★★　　★★★★☆

習慣法則

極度重視飲食對健康的影響

德川家康是統一全日本、建立江戶幕府的人物。他非常注重飲食健康，幾乎到了狂熱的程度。即使當上了將軍，他依然只吃麥飯，從來不吃白米飯；配菜也吃得相當清淡，大多是加了很多食材的味噌湯或是乾烤的沙丁魚；而且分量節制，絕不暴飲暴食。據說他經常告訴家臣：「生命的本質就是飲食。」

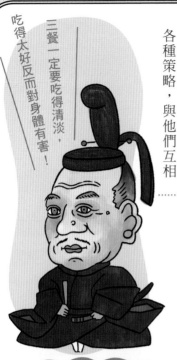

吃得太好反而對身體有害！

三餐一定要吃得清淡。

在亂世中完成統一大業

德川家康小時候被當成人質，過著軟禁的生活。後來他在亂世裡帶兵打了勝仗，逐漸建立起自己的勢力。

當時織田信長與豐臣秀吉已經擁有相當大的勢力，德川家康巧妙運用各種策略，與他們互相牽制，逐漸累積實力。

後來德川家康在關原之戰中獲勝，又在大坂之陣中擊敗了豐臣氏，獲得最終的勝利，統一日本。德川家康為了澈底鞏固自己的領袖地位，建立了以德川家為首腦的江戶幕府體制，其後幕府傳了十五代，超過二百六十年，這段時期就稱為江戶時代。

● 這個天才的名言佳句 ●

能夠在戰爭中獲勝的人，不是最強的人，而是最能忍的人。

後人對德川家康的評價，多認為他比織田信長和豐臣秀吉更能忍耐。或許是因為他從小過著人質生活，所以培養出這樣的個性。最後獲得勝利的人，確實是最能忍耐的德川家康。

不是當季的食物就不吃

德川家康為了維持健康的身體，不僅三餐吃得相當簡樸，而且不吃任何非當季的蔬菜或水果。他認為吃非當季的蔬果有害身體健康，據說他與織田信長還是同盟關係的時候，有一次織田信長送了一些桃子給他，他卻以「現在不是桃子的季節」為理由完全不吃，由此可以看出他的想法有多麼極端。

趣味知識　**為了健康也會喝酒吃肉**

德川家康雖然很注重健康，但並非只吃蔬果，他會吃雉、鶴等鳥類的肉，也經常為了消除疲勞而飲酒。

第3章 頂尖創作者

這一章介紹的是頂尖的創作者，例如作家、作曲家或電影導演等等，都必須從什麼都沒有的狀態，成就美好的作品。創作的過程，往往相當孤獨，或許正是日常生活中的各種習慣，幫助他們克服了這一切。

- 華特・迪士尼 Walt Disney（事業家）
- 貝多芬 Ludwig van Beethoven（作曲家）
- 韓德爾 George Frideric Handel（作曲家）
- 莫札特 Wolfgang Amadeus Mozart（作曲家）
- 蕭邦 Frédéric Chopin（作曲家）
- 李斯特 Franz Liszt（作曲家）
- 海明威 Ernest Hemingway（作家）
- 杜斯妥也夫斯基 Fyódor Dostoyévskiy（作家）
- 卡夫卡 Franz Kafka（作家）
- 托爾斯泰 Leo Tolstoy（作家）
- 安徒生 Hans Christian Andersen（作家）
- J・K・羅琳 J. K. Rowling（作家）
- 歌德 Johann Wolfgang von Goethe（詩人）
- 達文西 Leonardo da Vinci（畫家、科學家）
- 畢卡索 Pablo Picasso（畫家）
- 梵谷 Vincent van Gogh（畫家）
- 可可・香奈兒 Coco Chanel（設計師）
- 伊夫・聖羅蘭 Yves Saint Laurent（設計師）
- 希區考克 Alfred Hitchcock（電影導演）
- 史蒂芬・史匹柏 Steven Spielberg（電影導演）
- 葛飾北齋（畫家）
- 與謝野晶子（和歌詩人）
- 世阿彌（能劇演員、能劇作者）

華特·迪士尼

生卒年：西元1901～1966年　　出生地：美國　　職業：事業家

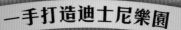

這個天才的習慣

早餐吃飽，午餐隨便吃

知名度　　　　厲害度　　　　想模仿度
★★★★★　★★★★★　★★★☆☆

習慣法則

早上要讓大腦清醒！

華特·迪士尼過著非常忙碌的生活，因此他每天的早餐都很豐盛，吃的通常是吐司、雞蛋和香腸之類。早上飽餐一頓，可以讓大腦和身體徹底清醒。午餐則吃一些簡單的東西，例如生菜沙拉。不過他習慣在口袋裡放一些堅果、餅乾之類的零食，可以一邊工作一邊吃。

建立巨大的娛樂企業

聽到迪士尼，大家首先想到的是什麼？歡樂有趣的迪士尼樂園？還是那些知名的卡通人物？沒錯，正是華特‧迪士尼打造了這個宛如美夢一般的世界。不過他也不是打從一開始就

中午吃太飽會想睡覺！

事業順遂，他曾經當過漫畫家，也當過廣告設計師，但都沒有成功，吃了很多苦之後才創立一間動畫製作公司，開始發揮才能，製作出各種動畫電影，在動畫產業上獲得成功，並且創建了世界級的知名主題樂園，讓公司發展成一個巨大的娛樂企業。

喜歡鐵路也喜歡運動

華特‧迪士尼從小就是一個超級鐵路迷，有一次他因公務需求而搭火車，駕駛員特別讓他進入機關室，他開心得像個孩子一樣手舞足蹈。他參與建設的主題樂園通常設計有鐵路機關，正是這個緣故。他同時也是一個運動迷，即使工作忙碌，他還是不忘運動。有時他會在清晨五點半就起床，先打一場高爾夫球才去上班。此外他也喜歡打馬球、溜冰和跳舞。

● 這個天才的名言佳句 ●

工作是實現夢想的唯一方法。

華特‧迪士尼晚年的時候，有一次，某人問他「如何實現夢想」，他回答「工作是唯一的方法」。或許對他來說，辛勤工作就是為了朝夢想邁進。

趣味知識　晚餐吃什麼？

華特‧迪士尼不喜歡吃高級料理，他的晚餐通常吃得相當簡單，例如一盤起司通心麵。

寫出《命運交響曲》的大作曲家

貝多芬

生卒年：西元1770～1827年　　出生地：德國　　職業：作曲家

這個天才的習慣

一邊散步，一邊尋找作曲的靈感

知名度　　　　厲害度　　　　想模仿度
★★★★★　★★★★★　★★★★☆

習慣法則

總之先散個步再說！

貝多芬生活在「音樂之都」維也納。在創作曲子的期間，他每天都要外出散步，走在綠意盎然的森林裡，構思曲子的每個旋律。靠著移動雙腳和享受眼前的景色，是轉換心情的絕佳方法。

沐浴著陽光，欣賞著美景，聆聽大自然的音樂，不僅身心都可以獲得放鬆，想法也會變得樂觀而開朗。

96

看來我只能接受「命運」，努力活下去！

貝多芬是個超級怪人？

我們常常可以聽見貝多芬的曲子。例如開頭「登登登登」的《第5號交響曲》（命運交響曲），以及聖誕節時常聽見的《第9號交響曲》（歡樂頌）。貝多芬寫的曲子，最大的特徵就在於讓人聽了一次就很難忘記。這種能夠留下深刻印象的特性，在古典音樂界裡可說是首屈一指。寫出這些獨特旋律的貝多芬，私底下據說也是個相當古怪的人。他完全不關心自己的穿著打扮，頭髮總是亂成一團，而且不戴帽子，還曾經被當成流浪漢而遭到逮捕。或許是因為他太專注於創作音樂，所以沒有多餘的心思在意生活細節。

職業是作曲家，卻罹患了耳聾的疾病！

貝多芬四十歲的時候因為罹患耳疾，一輩子再也聽不見。對音樂創作者來說，聽力非常重要，若是一般人遇上這樣的狀況，多半會放棄音樂，但貝多芬即使面對這樣的困境也沒有氣餒，不僅持續的在創作，還寫出許多著名的曲子。

耳朵聽不見要怎麼作曲？沒有人知道貝多芬是如何做到的，或許他的腦海裡隨時迴盪著新的旋律吧！

● 這個天才的名言佳句 ●

突破了苦惱，就能感受到喜悅！

這句話表現了貝多芬對人生的態度，他所寫的曲子，往往呈現出明顯的痛苦或喜悅。能夠寫出如此情感豐富的作品，得歸功於他的人生經驗，雖然失去了聽力，他卻沒有失去對人生的熱情。

趣味知識　在亞洲被稱為「樂聖」

貝多芬在亞洲有「樂聖」的美稱，意思就是音樂的聖人，用來讚美貝多芬那過人的音樂天分。

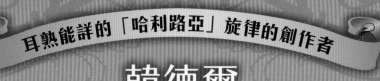

韓德爾

生卒年：西元1685～1759年　　出生地：德國　　職業：作曲家

這個天才的習慣

詳細記錄作曲的過程

知名度　　　　　厲害度　　　　　想模仿度
★★★★★　★★★★☆　★★☆☆☆

習慣
法則

記錄心中所有的想法

從前的作曲家大多不會留下如何取得創作靈感和如何構思整首曲子的過程，韓德爾可說是個例外。他詳細記錄了每一首曲子的作曲時期、靈感來源，以及作曲過程中的大小事情，對後人學習和研究他的作曲手法有著莫大的幫助。

98

大家一起來唱「哈利路亞」吧！

被天才稱為天才的音樂家

就算沒聽過韓德爾這個名字，應該也曾聽過這首《哈利路亞大合唱》的旋律，沒錯！創作出這首曲子的人，正是韓德爾。韓德爾所創作的音樂，屬於後人所稱的「巴洛克音樂」，

他在這個領域裡獲得極高的讚賞，可說是一位無人不知、無人不曉的偉大作曲家。他在過世之後，甚至被當成神一般崇拜。就連生活在大約一百年後的著名作曲家貝多芬，也曾讚美韓德爾是「最偉大的作曲家」，因此韓德爾可以說是一個被天才稱為天才的「真正的天才」。

不僅是著名作曲家，還是著名製作人

韓德爾的身分並非只是作曲家而已，同時也是一個相當優秀的風琴演奏家和音樂表演家。當時有一個由貴族們共同經營的歌劇公司，稱作「王室音樂學院」，其中藝術部門的核心人物就是韓德爾。據說他在延攬登臺歌手的工作上也表現出了長才。如今的音樂界不乏身兼創作者和製作人的音樂家，韓德爾可說是他們的先驅。

趣味知識　巴哈和韓德爾的稱號

巴哈和韓德爾生活在相同的時代，巴哈被稱為「音樂之父」，韓德爾則被稱為「音樂之母」，可見他們的音樂都對後世造成相當大的影響。

趣味知識　韓德爾一生從不曾見過巴哈？

巴哈和韓德爾並稱為「巴洛克音樂」的兩大巨擘，他們兩人年紀相同，都出生於1685年。據說巴哈曾經提出會面的請求，但遭韓德爾拒絕，所以兩人從來不曾見過面。

莫札特

生卒年：西元1756～1791年　　出生地：奧地利　　職業：作曲家

這個天才的習慣

只在清晨和晚上睡覺前作曲

知名度
★★★★★

厲害度
★★★★★

想模仿度
★★★★☆

莫札特非常年輕的時候就已經成名，過著忙碌的生活。他每天早上六點起床，整理完服裝儀容之後就開始作曲。九點之後，他必須教人彈鋼琴，以及在音樂會上演奏，有時還會去情人的家裡作客，回到家往往已經超過晚上十點，而從這時到睡覺之前，也是他的作曲時間。正因為非常忙碌，所以他從不浪費任何可以工作的時間。

習慣法則

每天的行程相當緊湊

從小接受菁英教育

莫札特的父親也是一名音樂家，從莫札特很小的時候，就看出他的音樂才能，持續讓他接受音樂教育。聽說莫札特三歲的時候就會彈奏大鍵琴，五歲就開始作曲，一直跟著父親在歐洲各地巡迴表演，磨練音樂技術。雖然莫札特擁有過人的才華，一生卻抱著一個極大的煩惱，那就是「貧窮」。

雖然他所譜的曲子都獲得相當高的評價，卻沒有辦法帶給他足夠的收入，必須靠教人彈琴和出版樂譜來維持生計。尤其是三十歲之後，他過著相當貧苦的生活，在三十五歲的時候就因病去世了。

我忙到連睡覺的時間也沒有！

莫札特為什麼會這麼忙？

莫札特從很年輕的時候就聲名大噪，不管是彈琴或作曲都相當受歡迎，為什麼他每天忙到焦頭爛額，卻依然過著貧窮的生活？有可能是因為他天性揮霍，手上一有錢就立刻花掉。另外一個原因則是他一直沒有找到能為他帶來豐厚收入的工作。不過也有另一派說法，認為義大利的音樂貴族們嫉妒莫札特的天分，所以私底下偷偷妨礙他的發展。

● 這個天才的名言佳句 ●

**想要完成好幾件事，
最快的捷徑
就是每次只做一件事。**

莫札特除了作曲之外，每天還必須教授鋼琴和上臺演奏，但不論哪一件事，他都是全心投入，絕對不會分心。

趣味知識　**到處都能聽見莫札特的曲子**

莫札特的《弦樂小夜曲》是他最廣為人知的曲子，常出現在開幕典禮上，是生活中常可聽見、非常洗腦的古典樂旋律之一。

蕭邦

生卒年：西元1810～1849年　出生地：波蘭　職業：作曲家

這個天才的習慣

注重每一個細節

知名度	厲害度	想模仿度
★★★★★	★★★★☆	★★★☆☆

習慣法則

分析再分析

據說每當蕭邦的心中產生創作的靈感，就會進入非常痛苦的階段。為了將心中的旋律完美呈現出來，他必須絞盡腦汁分析這首旋律的每個細節。如果遇上不順利的情況，他就會深深的感到絕望，連續好幾天把自己關在房間裡，過著每天哭泣和祈禱的日子。或許正因為歷經這種難產的過程，他才能夠寫出那麼多流傳至今的名曲。

我這個人
最講究細節了！

彈鋼琴就像是在寫詩

蕭邦所創作的樂曲大多是鋼琴獨奏曲，每一首曲子都擁有優美的旋律，所以後人稱他為「鋼琴詩人」。他和其他作曲家一樣，從小接受音樂的薰陶。他的父母都擅長樂器演奏，父親是長笛和小提琴的演奏家，母親則是鋼琴教師，置身在這樣的家庭環境裡，他自然而然學會了鋼琴，據說七歲就開始嘗試作曲。

他擁有旺盛的好奇心，喜歡接觸各種新事物，並且擁有幽默感，喜歡模仿他人，還喜歡畫漫畫，在學校裡相當受歡迎。或許因為擁有如此豐富多變的性格，長大之後才能譜出那些風格變化多端的曲子。

與作家譜出戀情

蕭邦與法國女性作家喬治‧桑是著名的情侶關係。據說剛認識的時候，蕭邦並不是很喜歡她，但由於雙方的工作都是從事藝術創作，不知不覺互相吸引。後來他們兩個人不僅開始交往，還在一起相當久的時間。事實上，若不是桑在文章中多次提及蕭邦的事，後人根本不會知道蕭邦在樂曲創作上竟是如此吹毛求疵。

● 這個天才的名言佳句 ●

只有能被我的耳朵接受的聲音才是音樂。

世界上存在無數的音樂，生活中隨時都在產生各種不同的聲音，任何雜音都沒有辦法欺騙蕭邦的耳朵，唯有讓自己感到舒適的聲音才能稱作音樂，就是蕭邦這句話想要表達的意思。

趣味知識　《離別曲》的正式名稱

《離別曲》是蕭邦最著名的代表作，不過這只是俗稱而已，這首曲子的正式名稱相當長，叫「E大調練習曲作品10第3號」。

李斯特

生卒年：西元1811～1886年　　出生地：匈牙利　　職業：作曲家

這個天才的習慣

每天凌晨四點起床，下午再睡個午覺

知名度	厲害度	想模仿度
★★★★☆	★★★★☆	★★★★☆

習慣法則

選擇適合自己的睡眠方式

據說李斯特有個習慣，那就是不管前一天晚上多晚睡，一定會在凌晨四點起床前往教堂，接著開始工作。剛起床的時候，腦子最清醒，工作效率應該也會提升吧！但是他下午會睡午覺，補回睡眠的時間。或許在他心中，成功的祕訣就是不受一般常識所束縛，選擇最適合自己的睡眠方式。

4點了！
大家都
給我起床！

李斯特從小就表現出過人的鋼琴才華，在父親的指導之下，十歲時就舉辦鋼琴演奏會。

李斯特才十一歲！當時李斯特的鋼琴演奏也讚不絕口，甚至連鼎鼎大名的貝多芬，聽了李斯特的鋼琴演奏也讚不絕口，當時李斯特才十一歲！或許是因為從小接受訓練的關係，李斯特擁有非常

修長的手指，能夠同時按到音域相差甚遠的琴鍵，而且不管再難的曲子，他只要看一眼就能立刻彈奏出來。靠著這驚人的鋼琴技巧，他越來越受到歡迎，簡直被當成偶像一般崇拜，有「鋼琴之王」的美稱。

在他過世之後，大家都說世界上再也不可能出現比他更厲害的鋼琴家了！

李斯特不僅是鋼琴家，而且還是相當活躍的作曲家。他最擅長寫的當然是他最熟悉的鋼琴曲，而且他的作品大多非常難彈。除了彈琴

和作曲之外，他也接受教授音樂和音樂評論等工作，非常有幹勁，每天都很忙碌，積極嘗試各種不同的工作。這種每天凌晨就起床工作的生活習慣，或許正是為了能夠在忙碌的生活中維持一點自己的風格。

● 這個天才的名言佳句 ●

日記就像是酷刑房裡的行程表。

曾有人問李斯特為什麼不寫日記？李斯特的回答是：「每天光是活著已夠痛苦了，為什麼還要把痛苦的過程寫下來？」這句話明顯表露出天才鋼琴家心中的負面情緒。

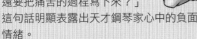

趣味知識　喜歡抽菸喝酒的天才

不管生活再忙碌，李斯特絕對不會放棄抽菸和喝酒。雖然這對健康很不好，但或許是他創作上不可或缺的要素吧！

海明威

生卒年：西元1899～1961年　　出生地：美國　　職業：作家

這 個 天 才 的 習 慣

站著工作

知名度　　　　厲害度　　　　想模仿度
★★★★☆　　★★★★★　　★★★★☆

習慣法則

站著寫作以避免冗長的贅句

海明威的小說有一個特徵，那就是他喜歡以精簡的文章和平淡的語氣敘述客觀的事實。為什麼他能寫出這樣的文章？這與他的工作方式有著相當大的關係。

他總是「站著」寫小說，他認為坐著寫作會讓心情太過悠閒，導致文章變得冗長。為了避免這種情況，他總是站著寫作。

想睡覺了！

站著寫
就不會

●這個天才的名言佳句●

**這個世界太美好了，
有戰鬥的價值。**

海明威透過寫小說，向世人傳達他心中的種種人生觀。他口中所說的「戰鬥」，指的或許是找出這個世界的美好之處，並且傳達給所有人知道。

趣味知識　喜歡站著工作的人很多，不只海明威一個？

據說十八世紀的英國作家查爾斯・狄更斯和二次世界大戰期間的英國首相溫斯頓・邱吉爾，也都常站著工作。

文章雖然簡潔，但內容相當艱深

海明威在高中畢業後曾經當過報社記者，後來成為一名小說家。

他在一九五四年出版的《老人與海》受到舉世讚賞，他也因此榮獲諾貝爾文學獎。正如同他的寫作特徵，《老人與海》這部作品採用簡潔

有力的文章描述客觀事實的行文風格，描寫一個老漁夫，連續八十四天連一條魚也補不到，駕船前往遙遠的外海，結果在回程途中，老漁夫釣起一條巨大的魚，歷經漫長纏鬥之後，好不容易釣起的大魚還是被鯊魚遭到鯊魚攻擊，歷經漫長纏鬥之後，好不容易釣起的大魚還是被鯊魚吃了。雖然故事單純，但是意境深遠。

從科學的角度來看，這是相當有效的習慣

根據近年來的相關研究，站著工作確實能獲得不錯的效果。站立的姿勢能夠促進大腦運作，提升專注力，還能鍛鍊腰部和腿部，讓自

己不分心。

值得一提的是，為了讓精神更加集中，海明威有時甚至會以單腳站立的姿勢工作。從醫學角度來看，這麼做確實可以減少動脈硬化、心肌梗塞和癌症的罹患風險，好處多多。

杜斯妥也夫斯基

生卒年：西元1821～1881年　出生地：俄羅斯　職業：作家

這個天才的習慣

先在賭博中輸光財產才開始寫作

知名度　　　　　厲害度　　　　　想模仿度
★★★★★　　★★★★★　　★★★★★

習慣 法則

被逼急了才開始工作

以小說《罪與罰》聞名於世的杜斯妥也夫斯基，是個眾所皆知的超級賭徒。但他賭博的技術似乎不怎麼樣，經常把錢輸得一乾二淨，而且還常向人借錢。事實上他有著很糟糕的性格，那就是一定要搞到火燒屁股，才會產生創作慾望。有些人總是在遇上危險時才會發揮實力，杜斯妥也夫斯基正是其中的典型。

被逼急了，我才會發揮實力！

杜斯妥也夫斯基年輕時，曾因為從事政治活動而入獄，成為死刑囚。就在即將行刑的前一刻，執行官收到來自皇帝的減刑命令，停止執行，讓杜斯妥也夫斯基撿回一條命。

這宛如電影的可怕經驗，對杜斯妥也夫斯基後來的人生造成非常大的影響。

他曾經感慨的說：「即將槍決的當下，我心裡想著，如果能活下去，我絕對不會再浪費人生的一分一秒。」所以他寫小說的時候，總是想著「這是我所寫的最後一部作品」，深刻理解到生命的寶貴。

● 這個天才的名言佳句 ●

幸福並不在於幸福之中，而在於獲得幸福的過程中。

杜斯妥也夫斯基向來喜歡探討人生和生命的意義，他透過上面這句話傳達：幸福並不在於獲得，而是在於追求過程的充實感。

杜斯妥也夫斯基非常喜歡賭博，或許是因為想賭博的心情太過強烈，他還寫過以賭博為主題的小說《賭徒》，描述一個沉迷於轉盤賭博而導致身敗名裂的男人。雖然不知道這個故事有幾分真實，但杜斯妥也夫斯基確實曾經因為賭博而差一點毀掉人生。小說中的心情描述格外寫實，想必是來自於他自己的親身經歷。

趣味知識 **對愛因斯坦造成的影響**

愛因斯坦非常欣賞杜斯妥也夫斯基，還曾經說過：「杜斯妥也夫斯基讓我學到的，遠遠超越任何科學家！」

卡夫卡

生卒年：西元1883〜1924年　出生地：捷克　職業：作家

這個天才的習慣

光著身子運動

知名度　　　　厲害度　　　　想模仿度
★★★★★　★★★★★　★★★★★

習慣法則

小心別被看見了

據說卡夫卡在寫小說期間，有時會為了轉換心情而脫光衣服做體操。更驚人的是他會打開窗戶，故意在窗戶旁邊做體操。雖然一邊呼吸窗外的新鮮空氣，一邊做體操是有益健康的舉動，但一般人就算是在家裡，應該也不會完全不穿衣服吧？難道卡夫卡是個可以為了健康而完全不顧他人目光的天才？

天才

其實性格認真又老實

卡夫卡的代表作品《變形記》，描述一個男人某天醒來，發現自己變成了一隻巨大的毒蟲，可說是一篇非常異想天開的作品。寫出這種作品的人，應該也有著非常古怪的性格吧？

但認識卡夫卡的人都說他的性格非常老實且穩重，而且他是個「兼職寫作的上班族」，除了寫作之外，還必須到公司上班。一個人竟然能夠扮演一個稱職的上班族，同時成為出名的作家，實在令人驚奇。此外，卡夫卡非常注重健康，例如他對飲食很講究，而且熱愛運動。或許正因為他過著非常平凡的生活，所以才能想出那些不平凡的故事。

有沒有人偷窺！

時時都得注意窗外

超級喜歡寫信！

每次卡夫卡交了新的女朋友，就會不斷寫信給對方。有些交往對象甚至收過數百封的來信，一天收到兩封也不是奇事。由這一點可以看出，卡夫卡是個非常喜歡寫文章的人，小說只是其中一部分而已。

這些寫給情人的信，在卡夫卡死後集結成冊，公布在世人面前。但是對方寫給卡夫卡的信，大部分都被卡夫卡銷毀了，幾乎沒有留下來。

● 這個天才的名言佳句 ●

如果你與這個世界發生爭執，你應該相信世界才是贏家。

當自己的想法與世間的價值觀不同時，大多數的人都會主張應該相信自己，然而卡夫卡卻不這麼認為。在他的觀念裡，接受這個世界並跟上潮流，才是維護自我的唯一方法。

趣味知識　原稿差點被丟掉

卡夫卡臨死前留下遺言，要求燒掉手邊剩下的所有原稿，但是他的朋友拿到原稿後決定保留下來以呈現在世人面前。這些原稿最後獲得非常高的評價！

托爾斯泰

生卒年：西元1828～1910年　　出生地：俄國　　職業：作家

這個天才的習慣

寫作的時候連兩側的房間也會上鎖

知名度
★★★★★

厲害度
★★★★★

想模仿度
★★★☆☆

習慣
法則

無法忍受任何噪音

托爾斯泰只能在獨處的情況下寫作，他會把自己一個人關在房間裡，將兩側的房間也上鎖，不讓任何人有機會打擾自己。據說遇上要寫作的日子，他吃完早餐後就進入書房，午餐時也不見人影，直到晚餐時才會出現。這聽起來有點神經質，但或許他正是靠著這種方式進入一個人的世界，才能寫出那些世界名作。

我絕對不讓
任何人打擾我！

除了寫作以外，還做過很多工作

托爾斯泰出生於俄國的貴族之家，但父母很早就過世了，從小是由親戚扶養長大。因為家庭富裕的關係，托爾斯泰並沒有吃太多苦。

長大之後，托爾斯泰繼承了一大片土地，他嘗試經營農場，但沒有成功。後來他又嘗試很多工作，但是全都以失敗收場。他甚至還當過軍人，上戰場打仗，最後也放棄了。

在失意落魄之中，托爾斯泰開始寫小說，他的小說作品明顯流露出透過各種職業獲得的經驗和感受。可見不管工作是不是順遂，對人生都有所幫助。

妻子是著名的母老虎？

托爾斯泰與妻子共生了九男三女，乍看之下似乎是個非常幸福的家庭。妻子一肩扛起照顧眾多孩子的責任，還幫了托爾斯泰很多忙，照理來說應該是個賢妻良母。然而事實上她是個出名的母老虎，托爾斯泰曾經因為與她發生爭執，憤而離家出走。托爾斯泰渴望寫作時能獨處，或許也是因為害怕被凶惡的妻子打擾。

●這個天才的名言佳句●

唯有逆境才能建立人格。

托爾斯泰的一生遭遇過不少逆境，但他從不將這些遭遇視為「不幸」，反而認為這是「建立人格的絕佳經驗」。抱持這樣的想法，心態自然也會跟著改變，越是經歷過逆境的人，越能夠擁有堅強的人格。

趣味知識 **登場人物超過五百人！**

托爾斯泰的代表作《戰爭與和平》，是一部描寫十九世紀前期拿破崙戰爭的超級大作，故事裡的登場人物竟然超過五百人！

安徒生

生卒年：西元1805～1875年　　出生地：丹麥　　職業：作家

這個天才的習慣

每天晚上都在枕頭旁邊留字條

知名度　　　　厲害度　　　　想模仿度
★★★★★　★★★★★　★★★☆☆

習慣法則

杞人憂天

安徒生性格極度杞人憂天，心中經常抱持「如果○○該如何是好」的不安感。例如睡覺前，他會擔心：「如果他們以為我死了，甚至是把我埋了，該如何是好？」所以他在枕頭旁邊放一張字條，上頭寫著「我沒有死」。或許這種過度豐富的想像力，正是他創造出各種精采作品的原動力。

※我沒有死。

我沒死，只是睡著而已！

許多著名的故事　其實都出自安徒生童話

安徒生一生之中共寫了超過一百七十篇作品，其中有非常多作品都受到世人喜愛，例如大家耳熟能詳的《人魚公主》、《醜小鴨》和《賣火柴的小女孩》等等；即使到了現代，他的作品還是相當的受歡迎，例如超賣座的動畫電影《冰雪奇緣》，正是改編自他的《冰雪女王》。

安徒生的作品大多是以人生所不可避免的悲傷和痛苦作為基本元素，因而引發世人的共鳴。或許那些故事裡頭所反映出的，正是他人生經歷的感受吧！

失戀過非常多次

安徒生擁有相當豐富的戀愛經驗和失戀經驗，每一場戀情的最後下場都是分手。或許是因為安徒生年輕時過著非常孤獨的生活，因此婚。

不擅長與女性交往。而且安徒生表達愛意的方式也相當奇特，一般人遇上心儀的女性，通常都是寫情書，安徒生卻是寫自傳，令對方不知如何是好。不知道是不是因為這些原因，安徒生一輩子單身，不曾結

● 這個天才的名言佳句 ●

所有人的一生，都是神筆下的童話。

安徒生雖然創作出無數個童話故事，自己的人生卻不見得幸福。他口中「神筆下的童話」所指的，或許就是沒有辦法靠人力加以改變的命運吧！

趣味知識　**現實中的安徒生童話世界**

日本有一個以安徒生童話為主題的「船橋安徒生公園」，吸引相當多遊客前往體驗安徒生的童話世界。

J·K·羅琳

生年：西元1965年～ 　出生地：英國 　職業：作家

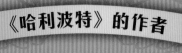

這個天才的習慣

不管遇到什麼事，都要一直寫下去

知名度	厲害度	想模仿度
★★★★★	★★★★★	★★★★★

習慣法則

一直寫就對了！

J·K·羅琳即將滿三十歲時，不僅找不到工作，而且還罹患嚴重憂鬱症，甚至一度想要自殺。但她是單親媽媽，為了女兒潔西卡的未來，她決定要靠寫小說闖出一片天。她只能趁照顧女兒的空檔找時間寫作，只要女兒一睡便趕緊寫，也曾推著嬰兒車到咖啡廳裡寫作。超受歡迎的《哈利波特》系列，就是這樣誕生的！

116

腦中冒出點子的瞬間

一九九〇年的某一天，羅琳坐在從曼徹斯特開往倫敦的電車上，看著窗外的田園景色，腦中忽然浮現「哈利」這個名字和魔法學校的點子。當時為什麼會想到這些，連她自己也說到這些，連她自己也說吧！

不出個所以然來，在電車抵達目的地之前，她幾乎已經想出了《哈利波特》最關鍵的劇情，包含了「不知道自己是誰的男孩子」，以及「接到來自魔法學校的招待信之前，不知道自己是魔法師」等等，可以說是上天賜給她的靈感吧！

一直寫下去，就是我的堅持。

從無業遊民變成億萬富婆

就算有了點子，如果沒有實際動筆，還是無法完成作品。羅琳是單親媽媽，只能仰賴清寒補助維持生計。她咬著牙寫出第一本《哈利波特》，在全世界造成轟動，改編的電影也非常受歡迎，讓她一夕之間登上有錢人排行榜。

可能因為經歷過貧困的日子，她非常熱心於慈善活動，總是將收入的一部分捐給慈善機構。

● 這個天才的名言佳句 ●

絕對不能忘記對夢想的堅持。

每個人小時候都懷抱著夢想，但是長大之後，大多數的人會忘了這些夢想。羅琳之所以能夠成功，或許正是因為她從來沒有忘記自己對夢想的堅持。

 趣味知識　J・K・羅琳這個筆名的由來

羅琳以這個名字作為筆名，據說是因為出版社希望她取一個中性的名字，不要讓年幼的讀者知道作者是女性。

歌德

生卒年：西元1749～1832年　　出生地：德國　　職業：詩人

這個天才的習慣

在心情不好的時候寫作，只是浪費時間而已

知名度　　　　厲害度　　　　想模仿度
★★★★☆　　★★★★☆　　★★★★☆

習慣法則
心情不好就不寫！

歌德在年輕的時候，可以寫稿寫一整天，但是隨著年紀越來越大，他的創作產量越來越少，到後來變成只有早上才能產生創作的動力，而且就算是早上，也可能因為心情不好而寫不出來。最後他做出了一個結論——在心情不好的時候寫作只是浪費時間而已，不如把時間拿來睡覺。

118

今天心情不好，
不工作了！

擁有許多身分

歌德主要的身分是小說家和詩人，他最有名的作品是小說《少年維特的煩惱》和詩劇《浮士德》。歌德非常多才多藝，所以他的身分也多得令人吃驚，其中一個身分還是科學家，而且在每個領域都有相當傑出的表現。尤其是自然科學方面，他對地質學、植物學和氣象學的研究都有相當大的貢獻。此外，他就讀大學時學過法律，因此律師也是他的身分之一。

他也是威瑪公國的政治家，曾經擔任首相之類的重要官員。由此可以看出歌德生平所涉獵的領域非常廣泛，而且在每個領域都有相當

談過很多戀愛

歌德不僅在許多工作領域都有優異表現，而且與許多女性談過戀愛。他第一次談戀愛是十四歲，當時的對象是一個叫格雷琴的少女。

歌德直到八十歲過世為止，愛上過非常多的女性，而且最厲害的是，他每次都能從戀愛之中找到新的題材和作品風格，將愛情反映在他的作品中，寫出許多足以流傳後世的名作。這麼說起來，當個多情種子其實也不是壞事？

●這個天才的名言佳句●

試著相信自己，
一定能夠找到活路！

即使是像歌德這樣的天才，也曾經對生命感到迷惘。他在苦苦思索許久之後，終於找到了「相信自己」這個答案。或許接納自己正是擺脫迷惘的最大竅門。

趣味知識　歌德的語言天分

雖然在各領域都有突出表現，但若要挑選一個歌德最拿手的領域，或許是語言！他在很年輕的時候就會使用六種語言，分別是英語、法語、義大利語、拉丁語、希臘語和希伯來語。

達文西

生卒年：西元1452～1519年　　出生地：義大利　　職業：畫家、科學家

這個天才的習慣

不管任何事情 都要留下筆記

知名度　　　　　厲害度　　　　　想模仿度
★★★★★　　　★★★★★　　　★★★☆☆

習慣法則

把腦袋裡的想法都寫下來！

達文西習慣把想到的所有事情都記錄下來，因此常被戲稱為「記錄狂」。除了日記之類的每日生活瑣事，他還會詳細記錄人際關係、事業經營和家庭收支等大大小小的事情。在記錄的過程中，心中的想法往往能夠獲得整理，有時也可能出現新的創意。

另外，記錄想法還有一個相當大的好處，那就是讓後人知道自己的成就和觀念。

什麼都想要
寫下來！

達文西不只是一名畫家，而且在科學、建築學和工學等各領域都有新發明，其中最著名的一項，是一架以螺旋槳飛在天上的機器，看起來像現代的直升機。

實際上人類成功發明可以飛上天的直升機，是在二十世紀之後，但達文西提早四百年前就提出這個構想。曾經擔任過軍事技術人員的達文西還發明了類似戰車的武器，以及一種像是腳踏車、有兩個輪子的交通工具，用腳踩就可以前進。這些發明都記錄在達文西所遺留下的素描本和筆記本內。

達文西的作品中最有名的是《蒙娜麗莎的微笑》，這幅畫的主題是一個長髮女人坐在椅子上，正對著畫布外的人微笑。雖然乍看之下

是非常普通的肖像畫，實際上經過非常縝密的計算。畫中這個女人是誰，以及達文西為什麼要畫這幅畫，長期以來成為許多專家學者的研究題材。如今這幅畫的正本保存在巴黎羅浮宮美術館內。

● 這個天才的名言佳句 ●

簡單就是最極致的洗鍊。

包含藝術在內，達文西一生中思考過非常多事情，研究出許多複雜的理論和技術，最後的結論卻是「單純才是美」。

 趣味知識　遺留下的作品只有十五件？

如今世界上僅存的達文西作品，總共只有十五件。據說這是因為達文西是個超級完美主義者，他會把所有不滿意的作品全部銷毀掉。

畢卡索

生卒年：西元1881～1973年　　出生地：西班牙　　職業：畫家

這 個 天 才 的 習 慣

買東西用支票付錢

知名度	厲害度	想模仿度
★★★★★	★★★★★	★★★★★

習慣
法則

不用付錢的鍊金術？

畢卡索買東西，就算是再小的金額，也會使用支票付款。支票的制度是這樣的，首先付款人必須在支票上簽名，收款人拿到支票之後，就可以把支票拿到銀行換成現金。但是當時的畢卡索已經相當有名。許多人會選擇把他的簽名留下來，不拿到銀行兌換，這就是畢卡索買東西「不用付錢的鍊金術」！

好好珍惜
我的簽名！

畢卡索很年輕就已經是出名的畫家，而且他非常清楚應該如何推銷自己。每當他畫了一幅新的畫作，他就會舉辦一場新的展覽會，找來幾十個老交情的畫商。這麼一來，畫商們在不知不覺之間會產生競爭意識，畫作的價格和畢卡索的名聲當然也會跟著水漲船高。

可見畢卡索很清楚「金錢」和「價值」的本質，而且總是能站在旁觀者的角度，思考如何活用這些資源。或許要成為一個成功的藝術家，這些都是必要的才能。畢卡索靠著這樣的手法，快速累積龐大的財富，他過世的時候，遺產竟有約一千七百億臺幣。

●這個天才的名言佳句●

我不是在尋找，
而是在發現。

不管在任何事情上，畢卡索總是擁有屬於自己的價值觀和感受。他這句話的意思，或許想要表達的是「我們所追求的東西，其實就在身邊，所以不需要到處去尋找，只需要發現它的存在」。

趣味知識　以戰爭為主題的作品

畢卡索的代表作之一《格爾尼卡》，是以1937年德國空軍對格爾尼卡城進行地毯式轟炸為主題，如今已成為反戰的象徵性名作。

畢卡索留給世人的作品多得令人吃驚，有一萬三千五百件繪畫、十萬件版畫、三百件雕刻和陶瓷器、三萬四千件插畫。因為太多產，甚至還榮登金氏世界紀錄「史上創作最多作品的藝術家」。雖然這些但他的創作動力還是在於對藝術的愛，所以才能全心全意投入創作之中。

梵谷

生卒年：西元1853～1890年　　出生地：荷蘭　　職業：畫家

這個天才的習慣

就算作品賣不出去，也要一直畫下去

知名度　　　　厲害度　　　　想模仿度
★★★★★　★★★★★　★★★★★

習慣法則

沒有一天放棄過繪畫

梵谷二十七歲才成為畫家，三十七歲就過世了，在這十年之間，賣出的畫作只有寥寥數幅，但他從來沒有一天放棄繪畫，一直抱持著以繪畫來傳達心聲的熱情。他創作的速度快，平均每年可以畫出二百幅畫，可惜這些畫在他死後才獲得高度讚賞，典型的懷才不遇天才畫家。

就算賣不出去，
就算得不到讚美，
我還是要
一直畫下去！

命運多舛的人生

梵谷出生於荷蘭，十六歲進入藝術品買賣公司，擔任畫商。這段時期的經驗，想必就是梵谷後來決定當一名畫家的動機。剛開始，梵谷在工作上的表現相當好，後來因為失戀的關係，他的情況越來越糟，最後還被公司給開除。於是梵谷決定要和父親一樣當一名牧師，因此報考了大學的神學系，但是沒有考上，他當了一陣子的傳教士，不久之後就放棄了。此時的梵谷因為生活太過窮困，只好一邊接受弟弟的經濟援助，一邊嘗試當一名畫家，然而這條繪畫之路，在他在世期間依然稱不上成功。

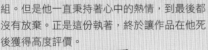

這個天才的名言佳句

就算我的人生不斷在打敗仗，我還是會戰鬥到最後一刻。

我們常會聽到有人以「人生勝利組」、「人生失敗組」這種說法來評斷人的一生，如果按照這樣的分類，梵谷肯定稱不上是勝利組。但是他一直秉持著心中的熱情，到最後都沒有放棄。正是這份執著，終於讓作品在他死後獲得高度評價。

過世之後才獲得極高的讚譽

在梵谷過世之前，他的畫作已漸漸受到少數畫迷的讚揚，但直到他過世約十年之後，他的畫作才開始受到民眾青睞，價格水漲船高。

一九九○年代後期，出現很多以梵谷為主題的電影和資料片，向世人介紹梵谷的作品和其生涯，梵谷的知名度快速攀升，作品更是大受歡迎。如今在一些藝術品的拍賣會上，梵谷的作品價格甚至高達數億臺幣。

趣味知識　梵谷非常嚮往日本？

梵谷對日本的浮世繪非常感興趣，不僅很喜歡蒐集，而且經常模仿。據說他生前曾說過希望有一天能前往日本。

可可‧香奈兒

生卒年：西元1883～1971年　出生地：法國　職業：設計師

這個天才的習慣

不穿與他人相同的衣服

知名度　　　　　厲害度　　　　　想模仿度
★★★★★　　★★★★★　　★★★★☆

習慣法則

方式：選擇獨一無二的裝扮

可可‧香奈兒十二歲時，母親過世了，後來她是在孤兒院中長大的。在孤兒院裡當然不可能穿什麼流行服飾，但可可‧香奈兒一律的舊衣服，每天都是千篇很討厭自己的穿著和別人一樣，她總是有辦法讓自己的外觀看起來和他人不同。後來她當上設計師，不斷設計出有別於當下流行的獨特風格，帶動最新的風潮，或許是因為小時候這段經歷。

126

香水和手提包也大受歡迎

離開孤兒院後，可可·香奈兒曾經當過歌手，在夜總會駐唱。後來她在巴黎開了一家店鋪，專門販賣自己設計的帽子，這就是知名品牌「香奈兒」的前身。

後來可可·香奈兒進軍流行服飾業界，她設計的服裝主打簡單和實用，與過去的女性服裝截然不同，很受大眾歡迎。她所設計的香水也成為熱門商品，緊接著她又跨足珠寶和手提包，對全世界的流行服飾造成相當大的影響。

穿著雪白的睡衣睡覺

可可·香奈兒在全世界聲名大噪之後，開始出現一個習慣，那就是每天都穿著雪白的睡衣睡覺。或許是因為她常常要設計出繽紛華美的流行服飾，所以什麼顏色都沒有的白色衣物能讓她獲得心靈上的休憩。事實上她對白色情有獨鍾，不僅房間牆壁塗成白色，就連窗簾也是白色。在雪白的房間裡，穿著雪白的睡衣，或許每天醒來都能感覺心情煥然一新。

我想要設計出
世界上
獨一無二的東西。

● 這個天才的名言佳句 ●

**要當一個無可取代的人，
就必須隨時隨地都與
其他人不一樣。**

不管是流行服飾或生活方式，要做到和其他人截然不同，需要相當大的勇氣。但唯有展現出勇氣的人，才能獲得專屬於自己的風格，成為一個他人無法取代的特別人物。

趣味知識　七十歲之後又重新站上第一線

可可·香奈兒曾經一度退休，但是十五年後又回歸職場，擔任第一線的設計師，她所設計的商品再度大受好評，展現了她過人的實力。

伊夫・聖羅蘭

生卒年：西元1936～2008年　　出生地：阿爾及利亞　　職業：設計師

這個天才的習慣

把製作換衣洋娃娃 當成一種遊戲

知名度　　　　厲害度　　　　想模仿度
★★★★☆　★★★★★☆　★★★★☆

習慣法則

別小看小孩子的遊戲

伊夫・聖羅蘭是非常出名的服裝設計師，在二十世紀的法國引領全世界流行服飾業界。他十幾歲的時候就有玩換衣洋娃娃的習慣，而且他玩的可不是一般用來玩換衣遊戲的洋娃娃，而是從流行雜誌上剪下模特兒的照片，再穿上他所畫的衣服，自己製作的洋娃娃。雖然只是一個遊戲，卻為他的設計才能打下了基礎。

我小時候靠換衣洋娃娃來磨練自己的技術。

二十一歲就當上首席設計師

伊夫・聖羅蘭從小就夢想當一名服裝設計師，十七歲的時候進入流行服飾設計師的培訓學校。此時他開始嶄露頭角，在設計比賽中獲勝。十九歲的時候，他進入法國知名服飾品牌「迪奧」工作，獲得品牌創立者克里斯汀・迪奧的青睞。迪奧對伊夫極為器重，甚至將他視為自己的接班人，沒想到迪奧突然過世，二十一歲的伊夫也因此晉升為首席設計師。

創設流行服飾品牌「YSL」

伊夫在迪奧的表現非常亮眼，由他所負責舉辦的第一場服裝發表會，每一件服裝都大受好評。伊夫在二十五歲的時候離開迪奧，創設了自己的流行服飾品牌「YSL」。這三個字母正是他的名字伊夫・聖羅蘭的縮寫。「YSL」成為超受歡迎的世界級高級服飾品牌，伊夫也被譽為「時尚帝王」。

● 這個天才的名言佳句 ●

流行會褪色，風格卻能永存。

永遠都會有新的流行出現，舊的流行會遭到淘汰，這是流行服飾界不可避免的宿命。但是能夠創造流行、穿出流行的生活方式和個人風格，卻會存在於我們的心中，永遠不會改變。

 趣味知識 挑選各種不同的人當模特兒

以前的服裝秀只有白人模特兒才能上臺，但伊夫刻意挑選各種不同人種的臉孔，拔擢了娜歐蜜・坎貝兒、川原亞矢子等模特兒。

希區考克

生卒年：西元1899～1980年　出生地：英國　職業：電影導演

這個天才的習慣

經常徵詢妻子的意見

知名度　　　　厲害度　　　　想模仿度
★★★★★　★★★★★　★★★★☆

剛剛那一幕
拍得如何？

習慣法則

重視身邊的人所提出的真實聲音

希區考克拍攝過非常多部令人毛骨悚然、心跳加速的懸疑電影。聽說他在拍攝電影的時候，經常徵詢妻子的意見。他的妻子艾瑪·雷維爾原本是一名助理導演，擁有豐富的電影拍攝知識，再加上她總是能坦率表達自己的想法，不會故意說好聽話，所以希區考克非常重視她的意見。

130

懸疑電影的大師級人物

希區考克二十歲進入電影圈，一開始任職於電影公司，專門做上字幕的工作，後來陸續做過編劇、助理導演、剪輯、美術總監等，終於在五年後第一次以導演身分拍了一部電影，片名叫做《歡樂園》。

這時期，他與生命中的伴侶艾瑪結婚。在艾瑪的輔佐下，希區考克開始嶄露頭角。他拍攝的大多是懸疑電影，如《怪房客》、《擒凶記》等，幾乎每一片都很賣座。他將拍攝的據點轉移至美國好萊塢，又拍了《蝴蝶夢》、《驚魂記》、《鳥》等作品，每一部都非常成功，讓希區考克在電影界獲得難以撼動的地位。

我在哪裡吧！

在電影裡找找

「客串演出」的代名詞

希區考克的電影有個特色，那就是導演會「客串演出」。或許有些人以為希區考克很愛上鏡頭，事實上希區考克這麼做，是因為電影經費不足，沒有辦法僱用足夠的臨時演員，只好自己下場。沒想到這樣的做法卻在影迷之間引發話題，越來越多人看電影時都在期待希區考克「什麼時候才會出現」，希區考克只好不斷盡可能提早自己的登場時間。

● 這個天才的名言佳句 ●

對我來說，
電影並不是人生的一部分，
而是一塊蛋糕。

英文「一塊蛋糕（a piece of cake）」的意思指的是「非常輕鬆、簡單的事情」。或許希區考克想要表達拍攝電影對他來說相當快樂，並不是什麼苦差事。

趣味知識　**不斷嘗試新的拍攝手法**

希區考克總是在拍攝手法上不斷創新，例如《奪魂索》嘗試一鏡到底的拍攝手法，中間不做任何剪接；1954年所拍攝的《電話謀殺案》，則是一部3D電影。

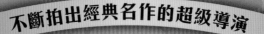

史蒂芬·史匹柏

生年：西元1946年～　　出生地：美國　　職業：電影導演

這個天才的習慣

靠自己的雙眼學習各種知識

知名度　　　　厲害度　　　　想模仿度
★★★★★　　★★★★☆　　★★★★☆

習慣法則

親眼見證！

史蒂芬·史匹柏不到二十歲時，就因為非常喜歡電影，想盡辦法要獲得拍攝電影的各種知識和經驗，竟然混入攝影棚，以自己的雙眼親自確認和學習。剛開始的時候，他先以參觀者的身分進入攝影棚，接著在電影工作者之間慢慢累積人脈，最後就這麼成功混進電影圈。

奧斯卡金像獎！

我拿過三座

史蒂芬・史匹柏從小就對拍攝電影很感興趣，就讀國中和高中的時期，他就曾經以八釐米攝影機拍攝過冒險電影。高中畢業之後，他進入加州州立大學，選擇這所學校的原因，竟然是因為學校鄰近環球影城。

進入大學之後，他經常偷偷溜進環球影城的攝影棚，靠著和工作人員建立交情。接下來的日子，他每天都到攝影棚報到。通行證的期限過了之後，他改為提著父親的公事包，假裝是影城內的員工。每天進出攝影棚，觀察剪輯影片、幕後製作電影的技術。有一天，警衛發現他根本不是影城的員工，想要將他趕出去，幸好史蒂芬・史匹柏已經與幾個攝影棚內的主管級人物建立了交情，所以最後事情沒

人員和錄音工程師等人有關大。而靠著這股執著，最後他終於成功進入環球影城工作。後來的史蒂芬・史匹柏能夠拍攝出那麼多賣座的電影，或許仰賴的就是這種「為了達到目的不惜親自冒險」的精神。

●這個天才的名言佳句●

**我們不可能避免失敗，
要獲得成功並不容易。**

即使是像史蒂芬・史匹柏這樣的天才，還是會遭遇失敗。重要的是不能因失敗而停下腳步，必須繼續朝成功邁進。就像史蒂芬・史匹柏所說的，獲得成功並非「不可能」，只是「不容易」而已。

趣味知識　票房收入驚人

史蒂芬・史匹柏拍攝過非常多世界級的賣座電影，包含了《大白鯊》、《E.T.外星人》和《侏羅紀公園》等等，這些電影的總票房收入超過2千億臺幣。

葛飾北齋

生卒年：西元1760～1849年　　出生地：日本　　職業：畫家

這個天才的習慣

一天到晚搬家

知名度　　　　　厲害度　　　　　想模仿度

★★★★★☆　★★★★★★　★★★☆☆☆

習慣法則

靠搬家轉換心情

葛飾北齋是日本江戶時代非常受歡迎的浮世繪*師，他一生活到八十八歲，總共搬了九十三次家。如此頻繁搬家的理由，竟然是太專心作畫，所以沒空打掃房間。他似乎認為與其把骯髒的房間打掃乾淨，不如換一個地方住更省事。當然，搬家對創作者來說，也是轉換心情的好方法。

＊浮世繪：發源於日本江戶時代初期的畫作風格之一。手法大多是版畫或筆描，主題涵蓋甚廣，有風景、民情、美女、武士等等。

接下來該搬到
哪裡去呢？

個性超級古怪？

葛飾北齋一生發表的作品多達三萬件，不僅在日本聲名遠播，對外國藝術家也發揮相當大的影響。然而葛飾北齋本人卻有著超級古怪的個性：第一，他每天的三餐從來不自己做，若不是叫外賣，就是要人送來給他吃。第二，

他的金錢觀很薄弱，每次賣畫拿到的錢幣，他總是丟著不管，若有人前來收取生活用品的費用，他就隨便拿一袋錢交給那個人。或許是因為這個緣故，葛飾北齋雖然名聲響亮，卻一直是兩袖清風。第三，葛飾北齋不喜歡禮法，對任何人都是態度冷淡，似乎認為講場面話只是浪費時間。

改號三十次

葛飾北齋很喜歡改「號」，一生中改了約三十次。所謂的「號」就像現代作家的筆名，而他取過奇特的號，例如「畫狂人」等，讓很

多人大感錯愕。

另外，每當他感覺創作遇上瓶頸，或是想轉換心情時，就會利用搬家來改變環境。靠著改變居住地點和稱呼，能夠獲得全新的生活，這或許就是葛飾北齋不斷創作出嶄新作品的動力。

● 這個天才的名言佳句 ●

如果上天能讓我多活五年，我就能成為一個真正的畫家。

葛飾北齋八十八歲臨終前一刻，說出了這句話。他在繪畫的世界擁有非凡的成就，創作出許多傑作，然而在他的心中，卻依然有「想成為真正的畫家」的慾望。

趣味知識 **對梵谷的作品也有不小的影響**

許多外國作家的畫風都受了葛飾北齋的影響，例如梵谷就是最好的例子，據說他經常在畫面的結構和作畫的風格上參考葛飾北齋的作品。

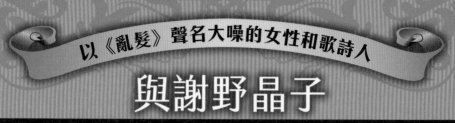
這個天才的習慣

永不忘「年輕」的心情

知名度　　　厲害度　　　想模仿度

★★★★★　★★★★★　★★★★★

習慣法則

從心情開始恢復年輕

與謝野晶子是一個活躍於和歌*界的女詩人。她經常將「年輕」掛在嘴邊，曾說過「長大後依然能保持『年輕』的人，永遠都能過著全新的生活」，還曾說過「『年輕』沒有不可能，『年輕』沒有陰影，那是一種突破一切的力量，就像是能照亮一切的太陽」，明顯看出與謝野晶子想要永保年輕的心態。

*和歌：以「五、七、五、七、七」共三十一音寫成的日本傳統詩句。

弟弟啊！
你一定要
活著回來！

持續發表帶爭議性的作品？

與謝野晶子出生於大阪，二十歲就開始在雜誌上投稿和歌。她認識同樣身為和歌詩人的與謝野鐵幹，兩人陷入愛河，最後結為夫妻。

她所出版的第一本和歌集《亂髮》，以最直率的詞句，描述她對與謝野鐵幹的愛意，在當時引發了相當大的爭議。

一九〇四年，與謝野晶子又在雜誌上發表了一首名為《君勿死》的詩歌，表面上是思念上戰場打仗的弟弟，字裡行間卻帶有反戰的意味，在社會上引發正反兩極化的看法。從這兩個例子，可以看出與謝野晶子不受傳統思想束縛，勇於表達身為女性的想法。

同時也是出色的作家和評論家

與謝野晶子不僅是有名的和歌詩人，同時也是出色的作家和評論家，最有名的作品是將古典文學《源氏物語》翻譯成現代文。此外，空。

她也以評論家的身分，針對女性的自立、政治局勢和教育問題等等諸多議題發表看法。

像與謝野晶子這樣在各領域都相當活躍的女性，為後來的日本女性，開拓出一片能夠自由追求理想與抱負的天空。

● 這個天才的名言佳句 ●

**人生只在剎那間，
卻也是永恆。**

人生非常短暫，但是誕生於人生中的種種名言和觀念，卻能跨越時代，永遠流傳下去。

趣味知識 孫子是著名政治家

與謝野晶子的孫子與謝野馨，是日本的著名政治家，在第一次安倍改造內閣中擔任官房長官一職（相當於副首相和日本政府發言人）。或許他繼承了祖母推動國家改革的心願。

世阿彌

生卒年：西元1363（？）～1443（？）年　　出生地：日本　　職業：能劇演員、能劇作者

這個天才的習慣

運用全身的力氣發出聲音

知名度　　　　　　厲害度　　　　　　想模仿度
★★★★★　　　★★★★★　　　★★★★★

習慣法則

訣

練習能劇是長壽的祕

世阿彌的生卒年尚無定論，有一派說法認為他過世時是八十一歲，在那個年代算相當長壽。

有些人認為他能夠如此長壽，原因在於他很勤於練習能劇*的動作。能劇每個動作都相當緩慢，能夠讓肌肉處於緊繃狀態，對身體是一種很好的運動；獨特的發聲方式，必須運用全身的力氣，對身體健康有相當正面的影響。

＊能劇：又稱「能」或「能樂」，為佩戴面具演出的一種日本傳統歌舞劇。

獲足利將軍青睞的天才能劇演員

世阿彌的父親也是一名能劇演員，世阿彌從小就在父親領導的能劇團登臺表演。世阿彌十二歲時，好運降臨在這對父子身上，當時的將軍足利義滿相當欣賞他們，他們父子從此便接受將軍的庇護，世阿彌也在這個時期展現出

啊～砂～高～

身為能劇演員的天分。當時日本藝術界非常重視「幽玄」的概念，這概念帶有深邃、奧妙、優雅等含意，世阿彌配合「幽玄」的風潮，對能劇進行改革，讓每句臺詞和動作都帶有幽玄之美。除此之外，世阿彌也是非常優秀的能劇作者，創作《高砂》、《井筒》等將近五十部能劇作品。

在現代依然通用的能劇教誨

世阿彌除了是能劇的作者，還寫了《風姿花傳》、《至花道》等論述能劇理論的文章。其中包含「必須運用全身力氣發出聲音」之類的技術性理論，以及「不忘初衷」、「講究時機」之類表演上的觀念和訣竅，這些教誨即使到了現代依然相當具有啟發性。由此可知，世阿彌不僅將能劇的世界發揚光大，同時也透過能劇傳達人生的哲理。

● 這個天才的名言佳句 ●

當祕者花。

任何事物都有表現在外的部分和隱藏在內的部分。世阿彌這句話的意思，指的是只要我們的心中藏有足以稱之為「花」的珍貴事物，這個事物必定能對我們發揮莫大幫助。

趣味知識

當時還沒有「能」這種稱呼方式

江戶時代之前，能劇被稱為「猿樂」。直到進入明治時期之後，猿樂才與「狂言」合稱為「能（樂）」。

第4章 超級巨星

這一章介紹的是體育界和演藝圈的超級巨星，這些人之所以能夠成為耀眼的巨星，他們的日常生活有什麼特殊的習慣呢？就讓我們一起看看他們的人生歷程，和傑出才能背後的祕密。

- 貝比‧魯斯 Babe Ruth（職棒選手）

- 穆罕默德‧阿里 Muhammad Ali（職業拳擊手）

- 老虎伍茲 Tiger Woods（職業高爾夫球選手）

- 麥可‧喬丹 Michael Jordan（職業籃球選手）

- 尤塞恩‧博爾特 Usain Bolt（田徑選手）

- 萊納爾‧梅西 Lionel Messi（職業足球選手）

- 羅傑‧費德勒 Roger Federer（職業網球選手）

- 麥可‧費爾普斯 Michael Phelps（游泳選手）

- 瑪麗蓮‧夢露 Marilyn Monroe（演員）

- 奧黛麗‧赫本 Audrey Hepburn（演員）

- 李小龍（武術家、演員）

- 麥可‧傑克森 Michael Jackson（歌手）

- 女神卡卡 Lady Gaga（歌手）

- 查理‧卓別林 Charlie Chaplin（喜劇演員、電影導演）

- 伊莉莎白‧泰勒 Elizabeth Taylor（演員）

- 瑪丹娜 Madonna（歌手、演員）

- 邁爾士‧戴維斯 Miles Davis（小號手）

打破多項紀錄的棒球之神

貝比·魯斯

生卒年：西元1895～1948年　　出生地：美國　　職業：職棒選手

這個天才的習慣

從不設想三振時的狀況

知名度　　　厲害度　　　想模仿度
★★★★★　★★★★★　★★★★★

習慣法則

只想像成功的畫面

貝比·魯斯在美國職棒界打破多項紀錄，有「棒球之神」、「偉大的全壘打王」等稱號。他參加過二十二季球賽，當然也曾經遭到三振，但據說只要他站上打擊區，就絕對不會設想三振時的狀況，內心裡只有擊出安打或全壘打的畫面。

142

史上第一個投打兼修的選手

貝比・魯斯十九歲時加入波士頓紅襪隊，成為一名職棒選手。當時他可以擔任投手，又有很強的打擊能力，因此被後人稱為史上第一個投打兼修的選手。後來他逐漸將守備重心放在打擊上，守備位置也從投手轉為野手。一九二○

我一定會打出全壘打！

年，紅襪隊將貝比・魯斯轉賣給紐約洋基隊，他在洋基隊同樣留下非常亮眼的打擊成績，不管是實力還是受歡迎程度都已是頂尖選手。到了一九三五年，洋基隊又將貝比・魯斯賣給波士頓勇士隊，他就在當季宣布退休。在整個職棒生涯之中，貝比・魯斯總共打出了七百一十四次全壘打，是當時美國職棒界最高紀錄。

很喜歡孩子

貝比・魯斯雖然有著愛鬧事、粗暴等缺點，但非常喜歡小孩，而且經常參加與球迷們互動的活動。有一次，他答應一個受傷的年幼球迷一定會打出全壘打，後來他真的打出了全壘打，成為人人傳頌的佳話。除此之外，他還曾經自己掏錢買票，讓一群沒有錢的孩子進棒球場看比賽。

在私生活方面，貝比・魯斯雖然有過人的天賦，

● 這個天才的名言佳句 ●

或許做起來不容易，但這不能當成做不到的理由。

貝比・魯斯雖然有過人的天賦，但他能打破這麼多紀錄，靠的是他自己的努力，他從來不拿「做不到」當成藉口，所以當他上場打擊的時候，完全不會去想遭到三振時的狀況。

趣味知識　原本不知道有職業棒球隊

貝比・魯斯少年時期就讀的是感化學校，校方規定所有的學生都必須住宿，過著對外隔絕的生活。所以貝比・魯斯在被挖掘之前，根本不知道這世上有職業棒球隊。

拳速最快的傳奇拳擊手

穆罕默德·阿里

生卒年：西元1942～2016年　　出生地：美國　　職業：職業拳擊手

這個天才的習慣

每天看著別人取笑自己的信

知名度
★★★★★

厲害度
★★★★★

想模仿度
★★★★★

習慣法則

用嘲笑來自我激勵

阿里經常形容自己打拳擊的風格是「像蝴蝶一樣飛舞，像蜜蜂一樣刺擊」，這兩句話是他最著名的口頭禪。有一次，他在某場比賽中落敗，有個討厭他的拳擊愛好者寄了一封信給他，信裡寫著「蝴蝶斷了翅膀，蜜蜂斷了蜂針」，阿里將這封信貼在拳館牆壁上，讓自己每天都看得到，藉此激發自己的鬥爭心。

因為拒絕從軍而喪失拳王頭銜

阿里小學就開始打拳擊，在一九六〇年的羅馬奧運中獲得金牌，同年成為一名職業拳擊手。進入了職拳的世界後，他屢屢打倒強敵，在四年後登上世界重量級拳王的寶座。然而，後來發生了一件事，讓阿里喪失了拳王頭銜和頭銜。

拳擊執照。當時正值越戰期間，阿里拒絕美國政府的徵召，不肯為美國上戰場打仗。剛開始的時候，阿里在社會上飽受輿論譴責，但阿里還是不斷提出反戰的主張和言論，後來有越來越多人轉為支持阿里。

三年半之後，阿里重新取得拳擊執照，並且在一九七四年擊敗當時的拳王，成功奪回拳王的頭銜。

我不害怕任何
恥笑與批評！

●這個天才的名言佳句●

如果沒有背負風險的勇氣，就只能接受什麼都做不到的人生。

不管是拒絕兵役徵召，或是和安東尼奧‧豬木進行跨界格鬥比賽，對阿里來說都背負了相當大的風險。但阿里心裡很清楚，唯有這樣才能獲得別人得不到的收穫。

曾經與職業摔角選手對決

阿里一九七六年前往日本，與著名的職業摔角選手安東尼奧‧豬木進行了一場跨界格鬥。這場比賽，受到全世界格鬥技愛好者的關注。這場

比賽禁止使用絕大部分的摔角招式，豬木只好躺在地上，不斷攻擊阿里的腳。阿里面對這種拳擊界所沒有的攻擊方式，也陷入苦戰。經過十五回合的激戰後，雙方都沒能打倒對方，裁判判定雙方平手，結束這場世紀之戰。

趣味知識　雖然病魔纏身依然耀眼

阿里退休之後罹患帕金森氏症，但他還是持續參與活動，例如在亞特蘭大奧運的開幕典禮上，擔任點燃聖火的角色。

老虎伍茲

生年：西元1975年～ 出生地：美國 職業：職業高爾夫球選手

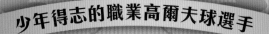

這個天才的習慣

最後一天一定穿 紅色襯衫

知名度 厲害度 想模仿度
★★★★★ ★★★★☆ ★★★☆☆

習慣法則

穿上自己的幸運色！

只要是比賽的最後一天，伍茲一定會穿紅色襯衫，據說這個習慣已經維持二十年。他的母親是虔誠的佛教徒，根據泰國佛教的教義，伍茲出生那一年的幸運色是紅色，所以伍茲總是在重要時刻將紅色穿在身上。或許當身上穿著自己的幸運色，整個人會變得特別有幹勁！

146

九個月大就開始打高爾夫？

據說伍茲受了父親的薰陶，九個月大就開始接觸高爾夫球，兩歲的時候，已經是南加州小有名氣的幼兒高爾夫球選手。他從十三歲開始參加國家級的比賽，在美國國內迅速嶄露頭角，二十一歲的時候首次拿下職業賽之一的美國名人賽冠軍。

接下來，他維持著優異的表現，持續打破各項史上最年輕紀錄。不僅如此，他還是美國史上最成功的運動選手之一。根據富比士雜誌發表的運動選手財富排行榜，從二○○二年到二○一一年，伍茲連續十年站上榜首。

●這個天才的名言佳句●

不管是高爾夫或人生都沒有捷徑，只能一步一腳印的努力。

伍茲很小的時候就在高爾夫球界嶄露頭角，被譽為天才兒童。但是就連他也認為打高爾夫球沒有辦法抄捷徑。或許他所擁有的高爾夫球才能，就是能夠一步一腳印累積實力，讓自己慢慢朝著成功邁進。

為什麼他要祈禱對手成功？

伍茲打高爾夫球的時候，總是會為對手祈禱，例如對手在擊球的時候，伍茲會暗自祈禱對方能夠「進球」，倘若因為對手失誤導致伍茲拿到冠軍，他也不會開心。伍茲的父親是一名軍人，他常常告訴伍茲，如果對手太弱，自己也不會進步；當對手變得越強，自己也會產生不能輸的對抗心態，如此一來自己也會變得更強。

趣味知識　同伴們也開始穿紅色襯衫

伍茲曾經車禍受傷，當時他的粉絲和其他選手們都很為他擔心。那個星期的比賽，選手們一同穿上紅色襯衫，祈禱伍茲能夠早日康復。

最後一天不用煩惱要穿什麼。

麥可·喬丹

生年：西元1963年～　　出生地：美國　　職業：職業籃球選手

這個天才的習慣

在重要關頭吐舌頭

知名度　　　　　　厲害度　　　　　　想模仿度
★★★★★　　　★★★★★　　　★★★★★

習慣法則

讓自己放鬆

活躍於美國職業籃球界的麥可‧喬丹，每次到了投籃或運球的關鍵時刻，總是會把舌頭吐出來。或許有些人會以為他是在胡鬧，但他這麼做其實有一個重要的理由。只要吐舌頭，就不會緊緊咬住臼齒，這麼一來上半身就能放鬆，動作會變得更加靈活。

23

48

我吐舌頭
可不是
在扮鬼臉！

曾經挑戰職棒的大聯盟

麥可・喬丹活躍於美國職籃聯盟NBA，而有「籃球之神」的稱號。在十五年的籃球生涯中，他曾經當上十次單季得分王，十一次年度得分王，表現相當亮眼。更驚人的是，他在一九九三年曾經宣布從籃球界退休，轉換跑道挑戰棒球界的大聯盟；然而他在棒球界的表現並不理想，所以後來又回歸籃球界。他對棒球的挑戰雖然最後以失敗收場，但他身為籃球界的超級巨星，卻勇於挑戰另一個完全不同的新世界，不僅完全符合他的個人理念，也為大家帶來無比的勵志感。

●這個天才的名言佳句●

嘗試新的挑戰並不可怕，真正可怕的是不敢嘗試。

麥可・喬丹已經在籃球界獲得成功了，卻還是勇敢投入棒球的世界。或許真正讓他感到害怕的，並不是挑戰新事物時遭遇挫折，而是明明懷抱著夢想卻不肯努力。

趣味知識　**兩個 MJ 同臺競演**

這世界上還有另一個屬害的「MJ」，那就是歌手麥可・傑克森，兩個MJ曾經在〈JAM〉這首歌的MV內同臺競演過。

商業方面也非常成功

麥可・喬丹和很多企業簽下廣告契約，而且曾經參與過五花八門的商業活動。尤其是根據他的形象所設計的籃球鞋，在全世界賣得非常好，相信穿過的人應該很多才對。此外他還替速食餐廳、飲料商等各種企業的品牌策略皆有不小的貢獻。由此可知，麥可・喬丹並不只是籃球界的超級巨星，更是深具商業價值的成功運動員。

尤塞恩・博爾特

生年：西元1986年～　　出生地：牙買加　　職業：田徑選手

這個天才的習慣

不論任何時候都全力以赴

知名度　　　　　厲害度　　　　　想模仿度

★★★★★　　★★★★★　　★★★★☆

BOLT

習慣法則

絕不偷懶放水

尤塞恩・博爾特是牙買加籍的田徑選手，他曾經說：「我是一個田徑選手，所以不論任何時候，我都會全力以赴，這就是我的處事態度。」一個運動選手在比賽時全力以赴，似乎是理所當然的事，但博爾特最令人佩服的是他言出必行，是個說到做到的人。正因為他抱著這樣的決心，才能打破世界紀錄。

150

打破許多世界紀錄

身為田徑選手，博爾特首次受到世界注目是在二〇〇二年。那一年，世界青年田徑錦標賽在博爾特的祖國牙買加舉行，博爾特以十五歲的年紀奪下金牌，成為大會史上年紀最小的金牌得主。接下來他在一百公尺、二百公尺短

跑以及四百公尺接力皆跑出優異成績。尤其是二〇〇九年德國柏林舉行的世界田徑錦標賽，博爾特在一百公尺決賽中跑出 9 秒 58 的驚人成績，不僅打破了世界紀錄，而且還是人類史上第一個低於 9 秒 60 的紀錄。奧運比賽他也連續三屆都拿到三面金牌，單看世界級比賽，他前後共拿到十一面金牌，

成就相當驚人。

任何時候都會全力以赴，就是我的處事態度。

● 這個天才的名言佳句 ●

能夠做自己喜歡的事情，天底下還有什麼比這個更美好？

當一個人置身在競賽的世界中，往往會因為練習的辛苦，以及來自周遭環境的壓力，而忘記了最初的心情。但博爾特永遠記得自己是因為喜歡跑步，才踏進了短跑的世界。

為什麼做出那個姿勢？

差不多從二〇〇八年的北京奧運開始，博爾特就經常在比賽的前後擺出一個類似朝天射箭的姿勢。他將這個動

作稱作「閃電」，聲稱含有「射中全世界」的意義。二〇一九年，日本舉行一場由二千六百八十二人（包含博爾特自己），同時擺出大家熟悉的「閃電」動作的活動，被列入了金氏世界紀錄。

趣味知識　**不肯離開故鄉的理由**

據說曾經有美國的大學想要挖角博爾特，但遭博爾特拒絕。他的理由是自己非常怕冷，而且很容易得思鄉病。

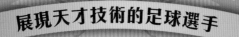
萊納爾·梅西

生年：西元1987年～　　出生地：阿根廷　　職業：職業足球選手

這個天才的習慣

三餐固定吃五種食物

知名度	厲害度	想模仿度
★★★★★	★★★★★	★★★★☆

習慣法則

體能

藉由改善飲食來提升

梅西年輕的時候不僅肌肉經常受傷，而且還曾經在比賽時嘔吐。當時的他很愛吃披薩、巧克力和肉類食物，完全沒有節制。

後來他為了改善體質，開始執行三餐固定攝取五種食物，分別是水、橄欖油、全麥、新鮮水果和新鮮蔬菜。果然他的身體越來越好，足球技術也變得具有世界級水準。

水

橄欖油

度過了病魔纏身的少年時期

梅西四歲開始就熱衷於足球運動，而且表現出過人的天分。他十歲時，身體出現生長激素分泌異常的症狀。罹患這種症狀的孩子必須持續施打生長激素，否則身體將停止發育，這

筆治療費用相當龐大，梅西的父母根本無法負擔。後來西班牙足球隊「FC巴塞隆納」因為賞識梅西的足球資質，同意支付他的全額醫藥費，條件是梅西必須和家人移居到巴塞隆納。於是梅西就前往巴塞隆納，一邊接受治療，一邊踢足球。

要打造健康的身體，三餐的飲食習慣非常重要！

創下各種驚人的紀錄

梅西在「FC巴塞隆納」二十一年，幫助球隊拿下隊史上最多的三十五次大賽冠軍，他個人也創下為單一俱樂部進球最多的紀錄。除

此之外，他拿過七次「金球獎」，這個獎代表的是該年度世界最佳球員。二〇二一至二〇二二的賽季，他離開從少年時期就一直效命的西班牙球隊，進入巴黎聖日耳曼FC隊，表現依然相當出色。

● 這個天才的名言佳句 ●

並不是努力一定會有收穫，而是我們要努力到看見收穫為止。

梅西不僅克服少年時期的疾病，還成為頂尖足球選手。在他的一生之中，肯定曾經有過即使再怎麼努力也看不見收穫的時期。但他並沒有因此氣餒，反而更加努力，最終得到屬於他的收穫。

趣味知識 **第一次的合約竟然是寫在餐巾紙上？**

FC巴塞隆納的總教練決定與梅西簽約時，由於手邊只有餐巾紙，情急之下竟將合約內容寫在餐巾紙上。

羅傑‧費德勒

生年：西元1881年～　出生地：瑞士　職業：職業網球選手

這個天才的習慣

每天都睡十一至十二小時

知名度
★★★★★

厲害度
★★★★★

想模仿度
★★★★☆

習慣法則

符合需求的睡眠時間

號稱世界最強網球選手的羅傑‧費德勒，讓自己變強的祕訣竟然是「睡覺」。據說他每天晚上都要睡十個小時，白天也會睡兩個小時左右。他聲稱一定要睡這麼久，否則會影響他的運動表現。當然這世界上有很多人只需要短暫的睡眠，就能充分發揮實力，因此每個人都應該找到最適合自己的睡眠時間。

154

什麼樣的球，
我都有辦法
打回去！

長久以來一直擁有超高人氣

費德勒在網球界曾經獲得二十次大滿貫（指在四種重要網球比賽中贏得冠軍），但更驚人的是他身為頂尖網球選手的時期相當長。若以世界排名來看，他在二〇〇四年至二〇〇八年之間，連續二百三十七個星期穩坐第一名的寶座。後來雖然排名下滑，但五年三個月之後又再度回到第一名，此時他已三十六歲又六個月，是網球史上年紀最大的第一名。他在世界上的受歡迎程度也是長久以來遠遠超越其他選手。根據男子職業網球協會統計的「球迷最喜歡的選手排名」，費德勒從二〇〇三年起就一直居於榜首。

球技已經進入藝術的層級

經常有人會以「藝術」或「優美」來形容費德勒的球技，雖然網球的基本打法是讓球彈落地擊球，但是費德勒跳一次之後再打出去的球，可以確實控制球拍的腕力，以及能夠維持相同姿勢迅速移動的下半身柔軟性，這些能力都是透過長時間的練習才能夠獲得。

的發球和空中截擊也相當高明，可說是每個環節都沒有破綻。他能夠做到這一點，仰賴的是

●這個天才的名言佳句●

只有對自己有自信的人，才能獲得勝利。

「相信自己」其實不是一件容易的事，尤其是在競賽的世界裡，更是難上加難。不論再怎麼困難，還是必須先從相信自己開始，否則將永遠沒有獲勝的一天。

趣味知識　**兩對雙胞胎的父親**

費德勒的妻子在2009年生下一對雙胞胎女兒，2014年又生下一對雙胞胎兒子。除了費德勒夫妻之外，據說就連費德勒的姊姊也生了雙胞胎。

綽號「飛魚」的游泳選手

麥可・費爾普斯

生年：西元1985年～　　出生地：美國　　職業：游泳選手

這個天才的習慣

起床後和睡覺前都在腦中模擬比賽的狀況

知名度
★★★★★

厲害度
★★★★★

想模仿度
★★★★☆

習慣法則

每個細節都想得一清二楚

麥可・費爾普斯習慣想像游泳比賽的每個細節，這是他自我訓練的方式之一。從跳下水的瞬間開始，不管是在游泳池內撥水前進、轉身、抵達終點或是抬頭看電子看板，每個細節都想像得一清二楚。他會在每天早上剛起床時、晚上睡覺前，以及比賽前進行這樣的想像訓練，藉由這個方式締造偉大的成績。

156

不斷打破世界紀錄

一個記錄可以在漫長的歲月裡一直沒有被人打破，證明他是頂尖中的頂尖。他在五屆的奧運中總共拿到二十三面金牌，成績相當驚人。他能夠游得那麼快，在於他擁有一副非常適合游泳的體格：張開時比身高還要長的雙臂、壯碩的雙腿和柔軟的關節，能夠一次撥動和踢動大量的水，快速前進。

費爾普斯在二百公尺蝶式比賽中打破世界紀錄時，才十五歲又九個月大，同時也打破最年輕的紀錄。接下來的幾年，他好幾次打破自己所締造的世界紀錄。要打破世界紀錄絕對不是一件簡單的事，有時

想像力是能夠化為現實的重要武器！

腦中的模擬能夠化解危機

費爾普斯所做的想像訓練，在比賽中遇上意外狀況時，更能夠派上用場，例如二〇〇八年的北京奧運，在進行

二百公尺蝶式決賽時，費爾普斯遭遇蛙鏡進水的意外狀況，但是他一點也不慌張，因為他早已做過無數次類似的想像訓練。他完全按照腦中的想像往前游，最後還是拿到金牌，而且還打破了世界紀錄。

●這個天才的名言佳句●

**我完全不記得上一次
沒有練習游泳的日子
是什麼時候。**

費爾普斯雖然擁有最適合游泳的體格和過人的天分，還是每天非常認真的練習游泳。他不斷追求更上一層樓，從來不曾滿足於現況。靠著這精益求精的精神，他才能夠屢屢打破紀錄。

趣味知識　食量非常驚人

費爾普斯同時也是個有名的大胃王，據說他一天的食量約一萬二千大卡，相當於一般成年男性的六倍。

瑪麗蓮・夢露

生卒年：西元1926～1962年　　出生地：美國　　職業：演員

這個天才的習慣

故意穿左右不一樣高的高跟鞋

知名度　　　厲害度　　　想模仿度
★★★★★　★★★★★　★★★☆☆

習慣法則

為了性感只好忍耐

瑪麗蓮・夢露靠最有名的招牌動作，就是一邊走路，一邊左右搖擺臀部，也就是後人所稱的「夢露步態」。她第一次做出這個動作，是在一九五三年的電影《飛瀑怒潮》中。據說她為了呈現這樣的走路動作，故意將一只高跟鞋的鞋跟切掉兩公分，讓兩腳的高度不一樣。雖然這樣走路很不舒服，但為了性感也只能忍耐。

158

就算走路很吃力

也沒關係！

瑪麗蓮・夢露出生於洛杉磯，因為母親生病，童年時期幾乎都待在孤兒院和寄養家庭。她十六歲時放棄高中學業，結了第一次婚。後來她進入一家製造飛機零件的工廠工作，這個決定改變了她之後的人生。一名攝影師造訪工廠，偶然看見十九歲的瑪麗蓮・夢露，便引薦她成為一名模特兒和女演員。後來她所拍的每一部電影都獲得相當好的票房成績，讓她成為超級巨星。

剛開始觀眾只當她是一個擁有姣好臉蛋和火辣身材，但不會演戲的性感女星，但她好學不倦，演技越來越好，終於成為實力派演員。

● 這個天才的名言佳句 ●

我結婚只有一個理由，那就是愛。

瑪麗蓮・夢露結了三次婚，也離了三次婚。這除了顯示她是一個感情豐富的女性，也可以看出她一直在尋找一個自己所愛，同時也愛著自己的男人。

曾經有記者詢問瑪麗蓮・夢露「晚上都穿什麼睡覺」，她回答「香奈兒 5 號香水」，意思是她晚上睡覺只抹香水。當然這不見得是事實，但這樣子的回答讓她成功維持了性感的形象。

瑪麗蓮・夢露很喜歡穿紅色的內衣褲，從心理學的角度來看，紅色不僅是性感的顏色，同時也是精力充沛的顏色，或許她正是靠著這樣維持著旺盛的活力。

趣味知識　與甘迺迪總統頗有交情？

瑪麗蓮・夢露與當時的美國總統約翰・甘迺迪頗有交情，不僅曾出席甘迺迪的生日宴會，還獻唱了生日快樂歌。

奧黛麗·赫本

生卒年：西元1929～1993年　出生地：比利時　職業：演員

這個天才的習慣

即使不開心也要露出笑容

知名度　　　厲害度　　　想模仿度
★★★★★　★★★★★　★★★★★

習慣法則

擠出笑容，招來幸福

奧黛麗·赫本靠招牌笑容，擄獲了全世界所有影迷的心。據說她經常告訴自己，就算遇上不開心的事，嘴角也要上揚，勉強擠出笑容。一來微笑可以減輕壓力，讓心情變得開朗，二來笑容也可以帶給他人好印象。或許這正是奧黛麗·赫本的演藝事業如此成功的原因。

笑容就像是
一種魔法。

奧黛麗·赫本出生
於比利時，小時候曾學
過芭蕾，原本的夢想是
成為芭蕾舞者。後來第
二次世界大戰爆發，導
致這個夢想沒能實現。
她的第二個夢想，就是
當一名演員。她二十二
歲的時候，主演了百老
匯的音樂劇，相當受到
好評，讓她開始受到關
注。兩年後，她主演了
電影《羅馬假期》，不
僅在全世界造成轟動，
還讓她獲得奧斯卡最佳
女主角獎，實力獲得肯
定。後來她又陸續演出
《龍鳳配》、《第凡內
早餐》等電影，向全世
界徹底展現魅力。

靠著拍電影風靡全
球的奧黛麗·赫本，晚
年擔任聯合國兒童基金
會的親善大使，足跡幾
乎遍布全世界。如此盡
心盡力，或許是因為她
小時候曾經因為戰爭而
吃過苦。她在擔任親善
大使的期間，總是在世
人面前泰然展現自己真
實的模樣，從來不掩飾
臉上的皺紋。或許她想
要打破「女演員必須永
保年輕貌美」的刻板印
象，讓世人看見最真實
的自己。

● 這個天才的名言佳句 ●

**只有享受人生和感受幸福
才是最重要的事情。**

多數的人往往只注意到痛苦，卻
對人生的快樂和幸福視而不見。
奧黛麗·赫本能夠獲得這麼大的
成就，或許正因為她擁有感受幸
福的力量。

趣味
知識　**這句話原本不是她說的？**

長久以來一直有人將「想要擁有充滿魅力
的嘴唇，就要說友善的話」這句話當成奧
黛麗·赫本的名言，事實上最早說出這句
話的人不是她。她只是因為喜歡這句話而
曾經說過，卻被誤傳成她的名言。

李小龍

生卒年：西元1940～1973年　　出生地：美國　　職業：武術家、演員

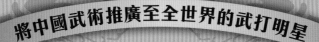

這個天才的習慣

同時重視練習和學習

知名度　　　厲害度　　　想模仿度
★★★★☆　★★★★★☆　★★★★★

習慣法則

鍛鍊身體也鍛鍊腦袋

李小龍是非常有名的武打巨星，他曾主張一個人除了應該要鍛鍊身體之外，還應該要學習理論。據說他家裡有一間鍛鍊身體的房間和一間學習理論的房間。他讀了很多書，不斷研究如何將重量訓練運用在中國武術上，以及如何有效攝取足夠的營養。

從武術家變成電影明星

李小龍從小就練習各種武術，求學階段因為脾氣暴躁，經常和人打架。他的父親擔心他惹事，因此命令他回到美國。李小龍到了美國後，一邊讀大學一邊打工，同時教導當地人中

國武術。不久之後，就連當地的演員也向他學習武術，他甚至有好幾次在電視上登臺亮相。

一九七一年，李小龍主演的電影《唐山大兄》一上映就大受好評，讓李小龍正式踏上武打明星之路。後來他又拍了《龍爭虎鬥》等賣座電影，可惜在三十二歲就過世了。

單有技術不行，
單有知識
也不行！

●這個天才的名言佳句●

**生活要快樂，
但絕不要安於現狀。**

李小龍畢生追求武術之道，不管是肉體或精神都處於巔峰狀態。他認為每個人都應該設法讓自己更上一層樓，不能安於現狀。

為了推廣武術而拍電影

為了推廣武術而拍電影

李小龍雖然拍過電影、當過導演，還寫過劇本，但他認為武術家才是自己的本業，電影只是推廣武術的一種手

段。基於這樣的想法，他在電影中展現的武術都非常真實。據說他的攻擊速度快到讓人看不見，而且威力大到像被車撞上。此外，由於曾在大學裡就讀哲學系，所以他一直嘗試從武術中找出哲學意義。

趣味知識　**施展招式時的獨特叫聲**

電影裡的李小龍，每次施展招式都會發出類似鳥叫的奇怪聲音。在他最受歡迎的時期，有很多人都很喜歡模仿他這個聲音。

麥可·傑克森

生卒年：西元1958～2009年　　出生地：美國　　職業：歌手

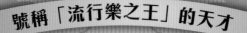

這個天才的習慣

追求完美，絕不妥協

知名度　　　　　厲害度　　　　　想模仿度
★★★★★　　★★★★★　　★★★★☆

第34次重拍！

習慣法則

吹毛求疵

麥可·傑克森是個極度追求完美的人，尤其是拍攝MV時，例如超級受歡迎的〈Thriller〉，MV採用的恐怖短劇風格，據說拍攝費用就高達二千萬臺幣。後來的〈Bad〉，他邀請重量級電影導演馬丁·史柯西斯拍攝。正因為極度追求完美，才能不斷創造出視覺震撼。

我的歌聲

永遠不會褪色！

在全世界紅極一時的超級巨星

氏世界紀錄認定「全球史上最暢銷的專輯」，並在葛萊美獎中獲得八項音樂大獎。一九八七年，麥可‧傑克森舉辦世界巡迴演唱會，在全世界十五個國家表演，觀眾人數多達四百四十萬人次。他二○○九年過世後，遺留下許多音樂作品，所以後來還是陸續有新專輯問世。

「流行樂之王」麥可‧傑克森，深受全世界歌迷的喜愛。光看他所創下的紀錄，就可以知道他有多麼厲害，例如一九八二年公開的〈Thriller〉，全球至少賣出七千萬張，獲得金

非常懂得如何呈現自己

麥可在舞臺上跳舞時習慣穿白色襪子，這其實是經過縝密評估後的決定。由於舞臺上相當陰暗，當聚焦燈打下來時，白色的襪子會顯得格外醒目，可以凸顯他的帥氣舞步。不僅如此，為了讓觀眾能夠看清楚他的白色襪子，還故意穿比較短的褲子，不愧是世界上最頂尖的歌手，隨時都在思考如何呈現出自己最好的一面。

●這個天才的名言佳句●

頂尖人士的工作模樣，就是最好的教材。

麥可從小就是一個歌手，經過漫長的努力，終於在演藝的世界裡成為一名頂尖人士。或許他從小就是看著頂尖人士的背影長大，也希望自己的表現能夠成為孩子們的最佳教材。

趣味知識　天王心愛的寵物

麥可曾養了一隻黑猩猩當寵物，還給牠取名叫「泡泡」，這隻黑猩猩跟著麥可巡迴全球演唱，還會跳他的招牌月球漫步舞，在歌迷之間引發不少討論。

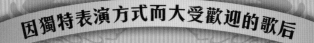

因獨特表演方式而大受歡迎的歌后

女神卡卡

生年：西元1986年～　出生地：美國　職業：歌手

這個天才的習慣

每天稱讚自己 十五分鐘

知名度	厲害度	想模仿度
★★★★★	★★★★★	★★★★★

習慣法則

保留與自己對話的時間

女神卡卡如今已是紅遍全球的超級歌后，但她年輕的時候曾經遭到欺負，也曾經遇上瓶頸，生活並不順遂。即便如此，她每天還是為自己保留十五分鐘，對著鏡子稱讚和慰勞自己。這樣的習慣，讓她逐漸擁有自信，想法也變得正向積極，最後終於成為世界級的歌后。

很棒的事情！
是一件
與眾不同

熬過了遭受霸凌的少女時期

女神卡卡是義大利裔美國人，學生時期曾因有色的人種和古怪的個性而遭受霸凌。她很小的時候就開始學習音樂，而且展現出天分。這兩點人生經驗，都對她後來的歌唱生涯有著

非常大的影響。

二○○五年，十九歲的卡卡和唱片公司簽約，沒想到接下來卻歷經了數年的蟄伏，直到二○○八年，才發表第一張專輯《超人氣》。這張專輯賣得非常好，讓她一躍成為舉世聞名的頂尖歌手。她的音樂特質和穿著打扮，影響了很多人。

穿著打扮經常引發話題

女神卡卡最讓人印象深刻的部分，就是她那獨特的穿著打扮。她的服裝有時大膽裸露，有時故意使用相當罕見

的材質，總是讓人感到既驚訝又有趣。卡卡自己也說過，穿著打扮是她最重視的部分。唱不同的歌曲，她的打扮也截然不同。據說當她在寫一首歌的時候，腦袋裡已經想好要在舞臺上穿什麼樣的服裝。

● 這個天才的名言佳句 ●

所謂的極限，其實都是畫地自限。

女神卡卡熬過了漫長的艱苦時期，才獲得今天的成功，所以她非常有資格說這句話。如果你也認為自己已經到了極限，或許應該再次確認那是否真的是你的極限。唯有這麼做，才有跨越極限的可能。

　趣味　
　知識　「女神卡卡」這個名字的由來

據說「女神卡卡」這個名字是由某個與卡卡交情很好的音樂製作人所取，靈感來自於皇后樂團的歌曲《Radio Ga Ga》。

查理·卓別林

生卒年：西元1889～1977年　出生地：英國　職業：喜劇演員、電影導演

這個天才的習慣

帶家人一起去看馬戲團表演

知名度　　　　厲害度　　　　想模仿度
★★★★★　★★★★★　★★★★★

習慣法則

靠馬戲團
建立感情

卓別林一生結過四次婚，與最後一任妻子烏娜·歐尼爾在一起三十四年，生了八個孩子，卓別林經常帶家人一起看馬戲團表演。或許他想要藉由這個方式，讓孩子們體會在群眾面前表演是一件多麼美好的事情。

什麼都自己來的完美主義者

卓別林從很年輕的時候就是舞臺上的喜劇演員，二十四歲開始接觸電影，在第二部電影中，他穿上鬆垮的褲子和一雙特別大的鞋子，手上拿著枴杖，頭上戴著高禮帽，這個形象大受歡迎，成為他最具代表性的裝扮。他為了拍攝心目中的理想電影，創立自己的電影公司，成為一名獨立的電影製作人，從導演、劇本、主角到音樂，全部一手包辦。他是一個追求完美的人，有時為了拍出令自己滿意的橋段，可以重拍個數百次。正因為他的堅持，才能創作出那麼多經典名作。

我想和家人度過每一段快樂的時光。

劇情帶有對世局的批判

卓別林電影最令人敬佩之處，就是劇情之中往往帶有對世局的批判，例如《淘金記》中以諷刺的手法描述為了追求金礦而疲於奔命的人，《摩登時代》的主題則是機械文明對勞動者的影響；最明顯的例子，是《大獨裁者》這部電影中，卓別林批評了希特勒的獨裁政權。像這樣以幽默的手法探討社會問題，是卓別林電影最大的特色。

● 這個天才的名言佳句 ●

人生近看是悲劇，遠看是喜劇。

卓別林電影基本上是喜劇，但如果細看內容，會發現其中往往含有一些令人悲傷或扼腕的橋段。
一部電影是悲劇或喜劇，會因為觀賞者的看法而迥然不同，這或許就是卓別林想要傳達的意境。

趣味知識　**卓別林的祕書**

卓別林曾雇用一個名叫高野虎市的日本人當司機，非常欣賞他的誠懇與務實，後來提拔他擔任自己的祕書，也曾讓他在電影中客串演出。

伊莉莎白·泰勒

生卒年：西元1932～2011年　出生地：英國　職業：演員

這個天才的習慣

在冰箱上貼一張自己最醜的照片

知名度　　　　　厲害度　　　　　想模仿度
★★★★★　　★★★★★　　★★★★★

習慣法則

勇敢面對現實

伊莉莎白·泰勒年輕時憑藉著美貌，拍了許多非常賣座的好萊塢電影。她過了四十歲之後，因為飲食過量，體型忽胖忽瘦，沒有辦法維持良好的身材。有一次，她為了演一齣舞臺劇，下定決心要減肥，她在冰箱上貼了一張自己最醜的照片，每當想要開冰箱找東西吃的時候就會看見，提醒自己不可以飲食過量。

一定要勇敢面對
自己的現實。

伊莉莎白・泰勒從小就是受歡迎的童星，她身上最美的部位，是一雙紫羅蘭色的眼珠和雙層的睫毛。由於擁有美貌和精湛的演技，長大之後更是聲名大噪，在許多好萊塢電影裡擔任女主角，其中《青樓

艷妓》和《靈慾春宵》這兩部電影讓她獲得奧斯卡最佳女主角獎。雖然演藝事業一帆風順，私生活卻充滿戲劇性，她前後和七個男人結過八次婚，而且曾經陷入藥物成癮和酗酒的困境中，再加上各種病痛，導致她一生住院七十幾次。在她那光鮮華麗的人生背後，有著許多不為人知的辛酸。

● 這個天才的名言佳句 ●

我承認自己一輩子
都活在熱情之中。

伊莉莎白・泰勒和演員李察・波頓結過兩次婚，後來她回顧這兩段婚姻，說出上面這句感想。她談過很多次戀愛，結過很多次婚但也離過很多次婚，由此可知她確實是一個忠於自身感情的人。

伊莉莎白・泰勒有很多關於減肥的堅持，減肥過程中保持積極樂觀的心情，下定決心就算減肥期間，還是要注重

例如她為了在痛苦的減肥過程中保持積極樂觀的心情，下定決心就算減肥期間，還是要注重

穿著打扮。另外，她不希望為了減肥而太壓抑自己，所以規定自己每個星期可以盡情吃一次她想吃的東西。這樣的減肥方式，讓她成功減重三十六公斤，在五十五歲的時候還出版一本教人減肥的書。

趣味知識　永遠保有一顆謙虛的心

每個和伊莉莎白・泰勒有交情的人，都說她這個人「從不自滿」、「擁有一顆平凡人的心」。或許這也是她廣受世人喜愛的原因之一。

瑪丹娜

生年：西元1958年～　出生地：美國　職業：歌手、演員

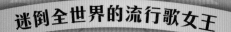

這個天才的習慣

一邊播放喜歡的音樂，一邊跳舞

知名度　　　　厲害度　　　　想模仿度
★★★★★　　★★★★★　　★★★★★

習慣法則

讓自己敞開胸懷

超級巨星瑪丹娜的習慣是一邊播放喜歡的音樂，一邊跳舞。

她聲稱跳舞能讓她感覺「恢復年輕、不再有挫折感」，不必在意姿勢，也沒有固定的動作，只要配合音樂隨意擺動身體就行了。

瑪丹娜正是靠著這樣的方式，讓自己敞開胸懷。

實現美國夢的女王

瑪丹娜出生於美國的密西根州，五歲的時候母親因為癌症過世，後來父親娶了第二任妻子，瑪丹娜與繼母相處得並不好。瑪丹娜上了一陣子大學，但沒有完成學業。一九七八年，瑪丹娜隻身搭上長程巴士，前往了紐約，身上只帶著三十五美金。當時她在心中發誓：「我要變得比神更有名。」

剛開始，她只能做些伴舞之類的工作。到了一九八二年，她才出道成為歌手，後來發表了《宛如處女》、《拜金女孩》等單曲，都獲得相當好的成績，讓她一躍成為搖滾女王。

什麼都不要想，只要隨著音樂搖擺就行了！

同時也是女演員和繪本作家

瑪丹娜成為頂尖歌手之後，開始嘗試朝其他領域發展，演戲是其中之一。自一九五八年起，她拍了超過十部電影，其中一九九六年上映的《阿根廷，別為我哭泣》獲得金球獎最佳音樂劇電影女主角獎。

除此之外，她也曾擔任過電影導演和執行製作人。二〇〇〇年之後，瑪丹娜開始嘗試創作繪本。她的繪本被翻譯成各國語言，其中也包含日文和中文。

● 這個天才的名言佳句 ●

與其當羊活一百年，不如當老虎活一年。

身為頂尖歌手，瑪丹娜過著比任何人都緊湊而多變的生活。雖然每天過著悠哉的日子也是一種人生選擇，但瑪丹娜選擇了另一種人生。

趣味知識

表面上堅強，其實有著杞人憂天的一面

瑪丹娜曾說過：「我的缺點是太容易感到不安，一天二十四小時，一星期七天，我的不安從不曾停止。」即便是像她這麼堅強的人，也有如此令人意外的一面。

邁爾士·戴維斯

生卒年：西元1926～1991年　出生地：美國　職業：小號手

這個天才的習慣

在自己讓自己感到無趣之前，朝著下一個階段邁進

知名度　　　　　厲害度　　　　　想模仿度
★★★★★　　★★★★★　　★★★★☆

習慣法則

不斷追求創新

邁爾士·戴維斯是個擁有非凡成就的爵士樂小號手，他總是在音樂的世界裡尋求新的變化，探索新的境界，從來不曾停滯在同一個地方。當他滿足於自己的成就，不久之後就會對這樣的自己感到無趣。所以，他總是在自己感到無趣之前，先踏出一步，朝著下一個階段邁進。正因為抱持著這樣的心態，所以才能長年活躍於第一線。

174

停滯不前，
就不會有
革新的機會。

在小號的陪伴下走過一生

邁爾士・戴維斯十三歲生日時，父親送了他一把小號，從此開啟了他的音樂人生。據說他十五歲的時候，就經常前往聖路易市的俱樂部聆聽爵士樂演奏，也是在這個時期奠定了音樂基礎。

三歲生日時，父親送了他一把小號，從此開啟了他的音樂人生。據說他十五歲的時候，就經常前往聖路易市的俱樂部聆聽爵士樂演奏，也是在這個時期奠定了音樂基礎。

進入茱莉亞學院深造，但他並沒有在這裡完成學業，這時他已經是一名經常登臺表演的爵士小號手，他採用「咆勃爵士」作為基本的演奏模式，是一種加入大量即興演奏的表演方式。後來他又在表演中加入各種不同領域的音樂型態，陸續發表許多成功的專輯。

●這個天才的名言佳句●

學習一切，
然後全部忘掉。

邁爾士・戴維斯建立頂尖音樂家的地位之後，並不安逸於現況，而是繼續求新求變。他這句話想要表達的或許是「所有的藝術都是破壞與創造」。

經常與年輕的音樂家進行交流

邁爾士・戴維斯最讓人佩服的一點，是他的音樂手法隨時都在發生變化。他剛開始的演奏模式是咆勃爵士，後

來陸續轉變成為調式爵士、電音爵士、跨界音樂、嘻哈爵士等等新的音樂模式。為了做到這一點，他總是盡可能與有才能的年輕音樂家一起演奏，吸收他們的新觀念和感受性。

趣味知識　在世界各地都擁有樂迷

邁爾士・戴維斯擁有相當多的樂迷，所以他經常巡迴各國開演奏會，是二十世紀最有影響力的音樂人之一。

●參考文獻

『ざんねんな偉人伝』（著者 真山知幸・学研）／『すごい人ほどぶっとんでいた! オタク偉人伝』（著者 小川晶子・アスコム）／『君に勇気を未来に光を 賢者のことば』（監修 和田孫博・新星出版社）／『すぐに真似できる 天才たちの習慣100』（著者 教養総研・KADOKAWA）／『天才たちの日課』（著者 メイソン・カリー訳 金原瑞人 石田文子・フィルムアート社）／『1日ごとに差が開く 天才たちのライフハック』（著者 許成準・すばる舎）／『私にもできる! 天才の習慣』（宝島社）／『天才たちの日常〜世界を動かすルーティーン〜』（著者 テレビ東京・マガジンランド）／『人生を動かす 賢者の名言』（編集 池田書店編集部・池田書店）／『生きる力がわいてくる名言・座右の銘1500』（編集 インパクト・永岡書店）／『新版 人生の指針が見つかる 座右の銘1500』（編集 別冊宝島編集部・宝島社）
※此外還參考了許多書籍和網站。

國家圖書館出版品預行編目 (CIP) 資料

天才的習慣：花 80 次練習，習慣成功的思維 = Daily routine of genius/ 株式會社 Live 出版編著；李彥樺翻譯. -- 初版. -- 新北市：小熊出版，遠足文化事業股份有限公司, 2023.11
176 面；16.2 x 23 公分. -- (廣泛閱讀)
ISBN 978-626-7361-41-2(平裝)

1.CST: 世界傳記 2.CST: 成功法 3.CST: 習慣 4.CST: 通俗作品

781   112016230

廣泛閱讀

天才的習慣：花80次練習，習慣成功的思維

編著：株式會社 Live 出版｜翻譯：李彥樺

總編輯：鄭如瑤｜副總編輯：施穎芳｜美術編輯：點點設計｜行銷副理：塗幸儀｜行銷助理：龔乙桐
出版：小熊出版・遠足文化事業股份有限公司｜發行：遠足文化事業股份有限公司 (讀書共和國出版集團)
地址：231 新北市新店區民權路 108-3 號 6 樓｜電話：02-22181417｜傳真：02-86672166
劃撥帳號：19504465｜戶名：遠足文化事業股份有限公司
Facebook：小熊出版｜E-mail：littlebear@bookrep.com.tw

讀書共和國出版集團網路書店：http://www.bookrep.com.tw
客服專線：0800-221029｜客服信箱：service@bookrep.com.tw
團體訂購請洽業務部：02-22181417 分機 1124
法律顧問：華洋法律事務所／蘇文生律師｜印製：凱林彩印股份有限公司
初版一刷：2023 年 11 月｜初版二刷：2024 年 3 月｜定價：380 元
ISBN：978-626-7361-41-2（紙本）、9786267361436 (EPUB)、9786267361429 (PDF)
書號：0BWR0068

著作權所有・侵害必究   缺頁或破損請寄回更換
特別聲明   有關本書中的言論內容，不代表本公司／出版集團之立場與意見，文責由作者自行承擔。

TENSAI NO SHUKAN written and edited by LiVE
Copyright © 2022 LiVE
All rights reserved.
Original Japanese edition published by KANZEN Inc.

This Complex Chinese edition is published by arrangement with KANZEN Inc., Tokyo
in care of Tuttle-Mori Agency, Inc., Tokyo, through Future View Technology Ltd., Taipei.

小熊出版官方網頁　　小熊出版讀者回函